Memorie di pietra
Memories of Stone

Giuseppe Ripa

Memorie di pietra
Memories of Stone

Viaggio tra le rovine di Angkor

A Journey among the Ruins of Angkor

CHARTA

Progetto grafico / Design
Daniela Meda

Coordinamento redazionale / Editorial Coordination
Filomena Moscatelli

Redazione / Editing
Emily Ligniti
Filomena Moscatelli

Traduzione / Translation
Karel Clapshaw

Copy e Ufficio stampa / Copywriting and Press Office
Silvia Palombi Arte&Mostre, Milano

Grafica Web e promozione on-line / Web Design and On-line Promotion
Barbara Bonacina

Ufficio Commerciale / Sales Department
Antonia De Besi

US Office
Francesca Sorace

Copertina / Cover
Angkor Vat, bassorilievo raffigurante le *devata*, divinità femminili. Angkor, Cambogia, 2002. / Angkor Wat, bas-relief depicting *devata*, female deities. Angkor, Cambodia, 2002.

ISBN 88-8158-620-7

Printed in Italy

Edizioni Charta srl

via della Moscova, 27
20121 Milano
Tel. +39-026598098/026598200
Fax +39-026598577
e-mail: edcharta@tin.it

US Office
New York City, Tribeca
Tel. +1-313-406-8468
e-mail: international@chartaartbooks.it

www.chartaartbooks.it

Memorie di pietra

Mostra fotografica di / Photo exhibition by Giuseppe Ripa
22 novembre / November 2006 – 7 gennaio / January 2007

Cargo&HighTech
Spazio espositivo Department Store Cargo, Milano
Exposition Space Department Store Cargo, Milan

Fin dai tempi più remoti Oriente e Occidente comunicavano attraverso numerose vie commerciali, le più importanti delle quali erano la via delle spezie e la via della seta.
Più di duemila anni fa la via della seta percorreva l'intero mondo conosciuto nelle due direzioni da est a ovest.
Un percorso di quasi diecimila chilometri attraversava deserti sconfinati e barriere montuose pressoché invalicabili. Briganti, avventurieri, spie, soldati, religiosi, mercanti, esploratori, sfidando ogni pericolo, hanno affrontato gli ostacoli naturali più impervi e condizioni climatiche proibitive.
Appare straordinario che l'antica civiltà cinese e l'impero romano già prima dell'era moderna comunicassero per "interposta persona", senza contatti diretti, attraverso una catena umana di popoli, tribù, carovane, sultanati, città-bazar. Una staffetta commerciale metteva in contatto etnie, culture, religioni, unendo per secoli uomini diversi e mondi profondamente differenti.
Questa grande avventura dell'umanità continua anche ai nostri giorni. Nonostante aerei e satelliti abbiano quasi annullato le distanze geografiche, ci appare sempre più attuale la necessità di comprendere il diverso, superando barriere e ostacoli che permangono, quando addirittura non si accentuano, per la contrapposizione tra modernità e civiltà millenarie.
Anche noi, alcuni anni fa, siamo partiti verso Est con spirito di avventura, perseguendo all'inizio un fine strettamente commerciale; presto però ci siamo resi conto che l'Oriente è anche un mondo interiore, che appartiene a tutti. Infatti tradizioni, arte, religione, costituiscono la vera ricchezza, in parte ancora inesplorata, dell'Oriente.
Ci è parso quindi opportuno presentare il lavoro di Giuseppe Ripa sull'antica e misteriosa civiltà khmer come una eccellente testimonianza di un cammino verso un "Oriente interiore", riconoscendolo attraverso la sua opera come un ideale compagno di viaggio.

Since the most remote times, the Orient and the West have been connected by numerous trade routes, the most important of which were the spice road and the silk road.
More than two thousand years ago, the silk road spanned the entire known world in both directions between east and west.
A journey of nearly ten thousand kilometers that crossed endless deserts and well-nigh impassable mountain barriers. Brigands and adventurers, spies and soldiers, members of religious orders, merchants, and explorers defied all dangers as they confronted the most insuperable natural obstacles and the most forbidding climatic conditions.
It seems extraordinary that the ancient Chinese civilization and the Roman empire communicated before the modern era through intermediaries, without direct contact, by a human chain of nations, tribes, caravans, sultanates, and bazaar towns. For centuries, a commercial relay system maintained contacts between races, cultures, and religions, uniting diverse people and profoundly different worlds.
This great adventure of humanity is still continuing today. Although airplanes and satellites have almost eliminated geographical distance, we feel an increasingly immediate need to understand diversity, overcoming the barriers and obstacles that remain, or that are even intensifying, for the comparison of modernity and millennial civilizations.
We, too, set off for the East some years ago, in a spirit of adventure, initially pursuing a strictly commercial aim; but we soon realized that the Orient is also an inner world that belongs to all. Traditions, art, and religion constitute the true wealth of the Orient, partially still unexplored.
For all these reasons, we are pleased to present Giuseppe Ripa's study of the ancient, mysterious Khmer civilization, an excellent testimony of a path that leads to an "inner Orient" and work that reveals him to be an ideal travel companion.

Mauro Bacchini
Amministratore Delegato Cargo&HighTech

Mauro Bacchini
Managing Director Cargo&HighTech

Sommario / Contents

Memorie di pietra
Giuseppe Ripa

*La memoria per l'uomo non è solo ripetizione,
è acquisizione del nuovo.*
Giordano Bruno

Le immagini dei templi induisti e buddisti immersi nella foresta, scoperti o, per meglio dire, ritrovati e resi celebri dal naturalista francese Henri Mouhot (*Voyage dans les royaumes de Siam, de Cambodge, de Laos et autres parties centrales de l'Indo-Chine*, pubblicato nel 1863), ci mostrano una civiltà raffinata e per molti aspetti ancora misteriosa, come quella khmer che raggiunse ad Angkor il suo periodo di maggior splendore tra il IX ed il XIII secolo dopo Cristo.

Mi sono parzialmente ricollegato, nella scelta delle tonalità e delle inquadrature, all'iconografia dei viaggiatori ed esploratori francesi del XIX secolo. Tra questi corre l'obbligo di citare Louis Delaporte, autore di *Album pittoresque* allegato ai due volumi di Francis Garnier, *Voyage d'exploration en Indo-Chine*, pubblicati nel 1873.

Le fotografie richiamano la memoria collettiva e storica dell'uomo, di cui i monumenti di Angkor sono una delle espressioni più alte: "Ci sono alcuni posti al mondo in cui uno si sente orgoglioso di essere membro della razza umana. Uno di questi è certo Angkor. Dietro la sofisticata e intellettuale bellezza di Angkor c'è qualcosa di profondamente semplice, di archetipico, di naturale che arriva al petto senza dover passare per la testa.", così si è espresso Tiziano Terzani in *Un indovino mi disse* (Longanesi, 1995).

Ho voluto inoltre dar voce alla memoria interiore dell'uomo nella ricerca di elementi di identità. Il tentativo di recupero della memoria è necessariamente un processo frammentario e precario, una lotta ardua contro l'oblio e l'alienazione. Le immagini di Angkor assumono forte valenza simbolica e diventano fonte di ispirazione e meditazione, quasi una sorta di specchio prismatico, di strumento evocativo. Rimandano a una realtà interiore, spesso imperscrutabile e misteriosa, inestricabile come la giungla che avvolge le rovine.

Si pensi ad esempio alle gigantesche radici che inghiottono i templi, alle gallerie oscure riempite dai blocchi di pietra delle strutture crollate, alle statue con le teste decapitate, ai volti su piani sfasati dei bassorilievi raffiguranti le devata (divinità protettrici femminili) e le apsaras (danzatrici celesti).

In particolare le devata e le apsaras costituiscono una delle invenzioni più originali dell'arte khmer. Le loro splendide figure sono rappresentate a centinaia sui bassorilievi, sugli architravi delle porte, sulle colonne di Angkor. Il volto ieratico, il sorriso enigmatico, le vesti preziose ricoperte di gioielli, il seno prosperoso, simbolizzano l'ideale di femminilità e di felicità paradisiaca. Le loro figure evocano un legame arcano e profondo con le forze del cosmo.

La stessa varietà delle architetture dei templi offre spunti molteplici di suggestione ed evocazione: dal misticismo e surrealismo del Bayon, simile a una cattedrale gotica, con le sue cinquantaquattro torri su ognuna delle quali sono raffigurati quattro giganteschi volti del bodhisattva Lokeshvara dal sorriso arcano e misterioso; al romanticismo dei "templi della giungla" come il Ta Prohm ed il Preah Khan. Questi ultimi si trovano ancora quasi nello stesso stato in cui li videro gli esploratori dell'Ottocento, con le strutture ricoperte dalle radici onnivore degli alberi, perfetta simbiosi tra natura e architettura, "horror e nirvana insieme" secondo Alberto Arbasino in *Mekong* (Adelphi, 1994). Infine il classicismo di Angkor Vat, il tempio più celebre, dalle forme armoniose ed equilibrate, raffigurante il monte Meru, posto, secondo la cosmologia induista e buddista, al centro dell'universo.

Memories of Stone

Giuseppe Ripa

*Memory for man is not just repetition,
it is acquiring that which is new.*
Giordano Bruno

The pictures of Hindu and Buddhist temples immersed in the forest, discovered—or rather rediscovered—and made famous by the French naturalist Henri Mouhot (*Voyage dans les royaumes de Siam, de Cambodge, de Laos et autres parties centrales de l'Indo-Chine*, published in 1863) show us a refined and in many ways still mysterious civilization, the Khmer civilization that had at Angkor its period of greatest splendor between the ninth and thirteenth centuries of the present era.

In the selection of tonality and composition, there are partial references to the French travelers and explorers of the nineteenth century. One of them who must be mentioned is Louis Delaporte, the author of the *Album pittoresque* that accompanied the two volumes of Francis Garnier's *Voyage d'exploration en Indo-Chine*, published in 1873.

Photographs recall the collective, historical memory of mankind, of which the monuments at Angkor are one of the highest expressions. "There are few places in the world in which one feels proud to be a member of the human race, and one of these is certainly Angkor. Behind its sophisticated, intellectual beauty there is something profoundly simple, something archetypal and natural that reaches the heart without needing to pass through the head," as Tiziano Terzani said in *A Fortune-teller Told Me* (HarperCollins, 1997).

I also wanted to give voice to man's inner memory in the search for elements of identity. The attempt to recover memory is inevitably a fragmentary, precarious process, an arduous struggle against oblivion and alienation. The images of Angkor take on a strong symbolic value and become a source of inspiration and meditation, like a kind of prismatic mirror, an instrument of evocation. They refer to an inner reality, often inscrutable and mysterious, as inextricable as the jungle that envelops the ruins.

Think, for example, of the gigantic roots that are swallowing up the temples, the dark galleries filled with blocks of stone belonging to fallen structures, the statues that have lost their heads, or the faces on the tilted surfaces of bas-reliefs portraying *devata* (protective female deities) and *apsaras* (heavenly dancers).

In particular, the *devata* and *apsaras* are among the most original inventions of Khmer art. There are hundreds of representations of these splendid figures on bas-reliefs, on the lintels of doors, and on columns in Angkor. Their solemn faces and enigmatic smiles, their costly garments decked with jewels, and their generous bosoms symbolize the ideal of femininity and heavenly bliss. Their figures conjure up a profound, mysterious bond with the forces of the cosmos.

The very variety of the architecture of the temples offers many evocative starting points: from the mysticism and surrealism of Bayon, like a gothic cathedral with fifty-four towers, each bearing four gigantic representations of the face of the *bodhisattva* Lokeshvara with his mysterious, enigmatic smile, to the romanticism of "jungle temples" such as Ta Prohm and Preah Khan. The latter are still in almost the same state as when they were seen by explorers in the nineteenth century, their structures covered by omnivorous trees, a perfect symbiosis of nature and architecture, "horror and nirvana together" according to Alberto Arbasino in *Mekong* (Adelphi, 1994). Finally, there is the classicism of Angkor Wat, the most famous temple, with its harmonious, balanced forms representing Mount Meru, which Hindu and Buddhist cosmology says is situated at the center of the universe.

La profondità che nasce dal silenzio
Roberto Mutti

Il rapporto che si stabilisce fra un visitatore occidentale e l'oriente con cui viene a contatto non è esprimibile soltanto nei termini della diversità fra due culture e della distanza temporale e geografica di due mondi. Il confronto è più profondo perché avviene fra due universi concettuali, due visioni del mondo che obbligano l'osservatore che sia davvero disposto a comprendere quanto gli sta di fronte ad abbandonare la maggior parte dei suoi riferimenti ideali. Se poi questo "osservatore" è un fotografo, le cose si complicano perché da troppo tempo – da quando, cioè, l'atto del fotografare è entrato a far parte dei gesti comuni e quasi automatici che chiunque puo' compiere senza particolari difficoltà – la fotocamera è diventata una moderna bisaccia dove gettare frammenti di realtà catturati e forse rapinati alla vita. Non era così nel passato, quando i visitatori che si recavano in terre lontane si soffermavano con i loro album da disegno per realizzare vedute frutto di una pazienza e di un'osservazione acuta che sapevano trasformare in arte.

È proprio partendo da questi antichi studi di viaggiatori – diari e guide, libri curiosi accompagnati da suggestive illustrazioni – che Giuseppe Ripa ha realizzato un bellissimo lavoro sulle rovine di Angkor, in Cambogia.

Fra gli autori del passato spicca il naturalista francese Henri Mouhot, che di queste rovine fu, per l'occidente, insieme lo scopritore e il divulgatore; ma se questi portava con sé – guarda il caso, negli stessi anni in cui si andava affermando il processo fotografico – l'ideologia tardo romantica tanto cara ai seguaci del Grand Tour, Giuseppe Ripa rivolge a quegli stessi grandiosi reperti uno sguardo affatto diverso.

Si nota subito, tuttavia, che non abbandona del tutto i comuni punti di riferimento perché, per quanto l'uso della macchina fotografica implichi un particolare universo concettuale, non per questo dimentica una visione di fondo del mondo occidentale, quella che va alla ricerca degli elementi che costituiscono l'intensità della memoria. Il fotografo milanese si abbandona alla straordinaria bellezza dei luoghi, ma mantiene costantemente il controllo della situazione; sceglie inquadrature insolite, come volesse in questo modo aiutarci a entrare in un mondo diverso dove anche gli sguardi non sono quelli che ci aspettiamo, ma non cede ad alcun compiacimento. A quella che potremmo definire "la retorica delle rovine", un evidente limite della visione romantica che tendeva a sovrapporsi alla realtà in un modo troppo marcato, preferisce uno sguardo più rigoroso e severo ma non meno intenso. La scelta di dare spazio alla sacralità risulta così vincente perché, da un lato

consente un recupero della memoria dei luoghi, e dall'altro permette di cogliere, al di là delle immediate differenze, quei nessi che accomunano più di quanto si immagini leggende, timori, ritualità, miti.

Uomini, demoni, divinità agiscono in un mondo dotato di una forza misteriosa rappresentata dalla grandiosità degli edifici; sorprende in Ripa la capacità di cogliere, in un civiltà così lontana dalla nostra come quella khmer (e che noi abbiamo magari imparato a conoscere per le atrocità delle carneficine dei contemporanei, e non per la profondità della riflessione degli antichi) gli aspetti di una dimensione del sacro fatta di silenzi, di ritmi, di una dilatazione del tempo che lascia spazio al pensiero e a quella profondità che nasce dal silenzio.

La scelta di un bianconero particolarmente curato non è casuale: qui le ombre non sono mai così nette da nascondere tutti i particolari che emergono dal buio, mentre le luci non abbagliano ma servono a dare plasticità ai soggetti fotografati. L'occhio si posa così su un mondo che conserva il suo mistero, ma nel contempo sembra disponibile a svelarlo a chi sa attendere, sa osservare, sa riflettere senza lasciarsi troppo sedurre dalla meraviglia che pure segna in modo evidente la sua presenza. Ci si aggira in questo vero e proprio universo immaginifico – Angkor è uno dei più grandi siti archeologici del mondo – con la sensazione di essere di fronte non a pietre ma a presenze che conservano una intensissima vitalità: le radici di alberi che affondano nei templi fino a fondersi con essi in una splendida metafora, i frammenti di colonne e architravi che ora ostruiscono un passaggio e ora suggeriscono un nuovo percorso, i tanti volti di Buddha che sorridono enigmatici dai bassorilievi di pietra non sembrano appartenere soltanto al passato. E infatti qua e là appaiono uomini e donne perfettamente a loro agio fra queste mura, in meditazione di fronte a una scalinata, in silenzioso cammino sugli antichi lastricati, in equilibrio nel vano di una finestra. È forse un modo per riproporre i movimenti sinuosi delle antiche divinità femminili, la staticità ieratica dei sacerdoti, la saggezza che ancora si coglie negli sguardi sereni come quelli degli dei strani e lontani che hanno insegnato agli uomini a sopportare le avversità sapendole passeggere, ad accettare il bene considerandolo poco duraturo e soprattutto a perseguire la bellezza.

The Profundity that Originates from Silence

Roberto Mutti

The relationship that is established between a Western visitor and the East with which he comes into contact cannot be expressed solely in terms of the diversity between two cultures and the distance in time and space between two worlds. The contrast is more profound because it is between two conceptual universes, two world views that compel the observer who is truly willing to understand what is before him to abandon most of the reference points for his ideas. If the "observer" is a photographer, then things become more complicated because for far too long—ever since taking photographs became one of the common, almost automatic actions that anyone can perform with no special difficulty—the camera has been a modern knapsack into which one can fling fragments of reality captured or perhaps plundered from life. It was not so in the past, when visitors who arrived in distant lands lingered with their sketchbooks to do drawings resulting from acute observation and patience, transforming what they saw into art.

Giuseppe Ripa has taken those studies produced by travelers long ago—diaries and guidebooks, curious tomes accompanied by intriguing illustrations—as the starting point for his beautiful photographs of the ruins of Angkor, in Cambodia.

Outstanding among those past authors is the French naturalist Henri Mouhot, who discovered the ruins and made them known to the West. However, whereas Mouhot brought with him the late romantic ideology so dear to followers of the Grand Tour, during the very years when the process of photography was taking hold, Giuseppe Ripa directs a very different gaze at these imposing finds.

One sees immediately, however, that he does not completely abandon common reference points, for, although the use of the camera implies a particular conceptual universe, this does not make him forget an underlying view of the Western world: the search for the elements that make up the intensity of memory. This photographer from Milan surrenders to the extraordinary beauty of these places, yet constantly maintains control of the situation; he chooses unusual compositions, as if they might ease our entry into a different world where even ways of seeing are not what we expected, but he does not give way to any kind of complacency. In preference to what one might define as "the rhetoric of ruins," an obvious limitation of the romantic view that tended to superimpose itself on reality too emphatically, he adopts a gaze that is more strict and severe, but no less intense. The decision to give space to the sacred proves victorious because it permits the recovery of the memory of these places, and also, going beyond the immediate differences, it enables one to grasp connections that link legends, fears, rituals, and myths more than one imagines.

Men, demons, and deities act in a world endowed with a mysterious power represented by the grandeur of these buildings. In the Khmer civilization that is so distant from our own (and that we may have come to know as a result of the atrocities and butchery of our contemporaries rather than from the profundity of the reflection of the ancients), Ripa has a surprising ability to grasp the aspects of a dimension of the sacred made up of silence and rhythm, an expansion of time that leaves space for thought and the profundity that originates from silence.

The choice of a very carefully tended black and white is not accidental: here, the shadows are never so distinct as to conceal all the details that emerge from the darkness, while the highlights do not dazzle, but serve to give a sculptural quality to what is photographed. The eye rests on a world that preserves its mystery, but seems, at the same time, ready to reveal it to those who know how to wait, observe, and reflect without allowing themselves to be seduced unduly by the wonder that clearly leaves its mark upon. Here one wanders in a truly imaginative universe—Angkor is one of the largest archeological sites in the world—with the sensation of seeing not stones, but presences that preserve an intense vitality: the tree roots plunging into temples and merging with them in a splendid metaphor, the fragments of columns and lintels that sometimes obstruct the way and sometimes suggest a new path, and the many faces of Buddha smiling enigmatically from stone bas-reliefs do not seem to belong solely to the past. Here and there we see men and women perfectly at ease amid these walls, meditating before a flight of steps, silently pacing on ancient paving stones, balancing in an empty window. Perhaps this is a way of reformulating the sinuous movements of the ancient female deities, the solemn stillness of the priests, the wisdom that one still finds in their serene gazes and in the eyes of strange, distant gods who taught men to endure adversity with the knowledge that it is transient, to accept good while realizing that it is short-lived, and above all to engage in the pursuit of beauty.

Opere
Works

Veritas filia temporis

Aulo Gellio

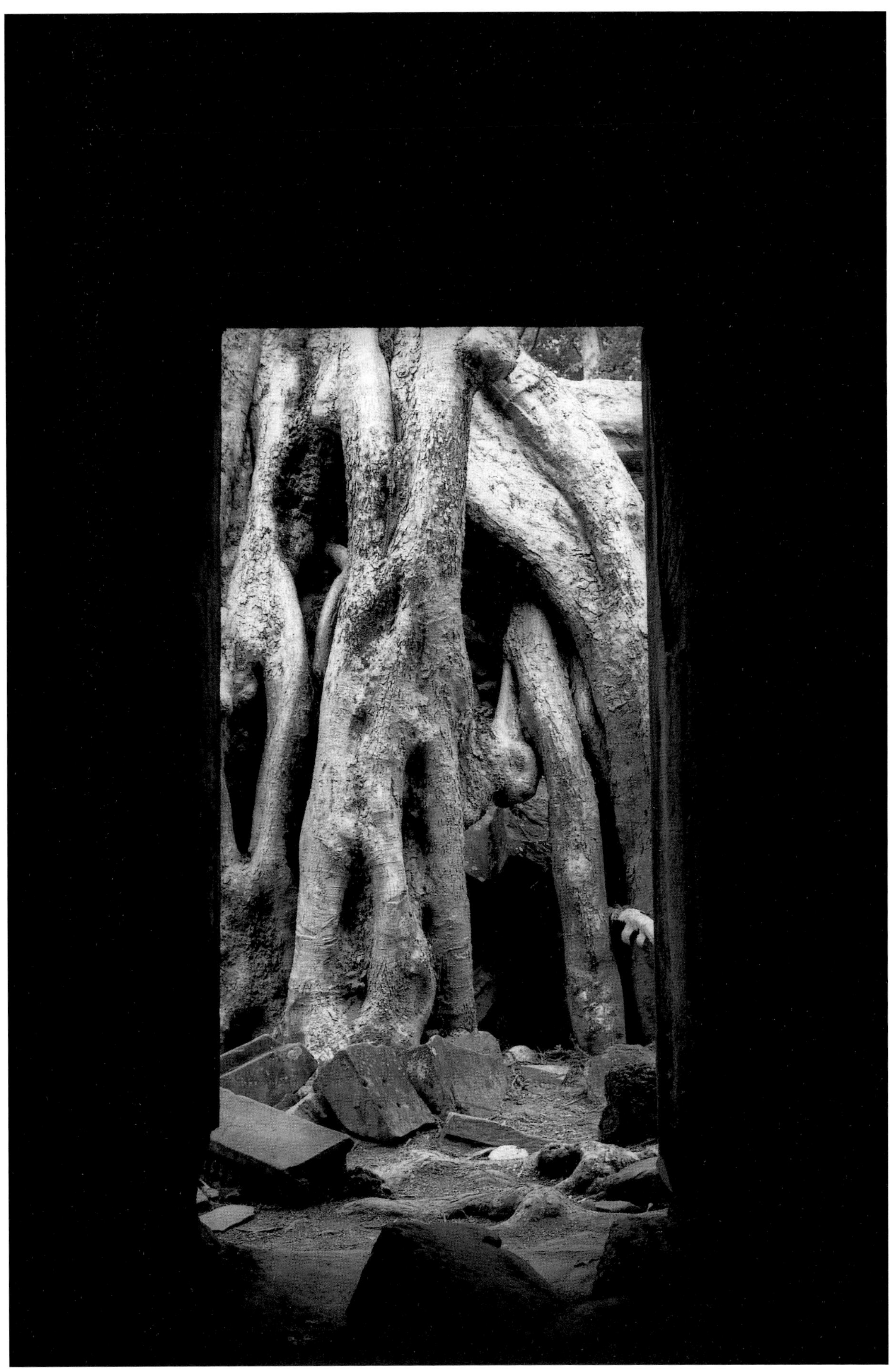

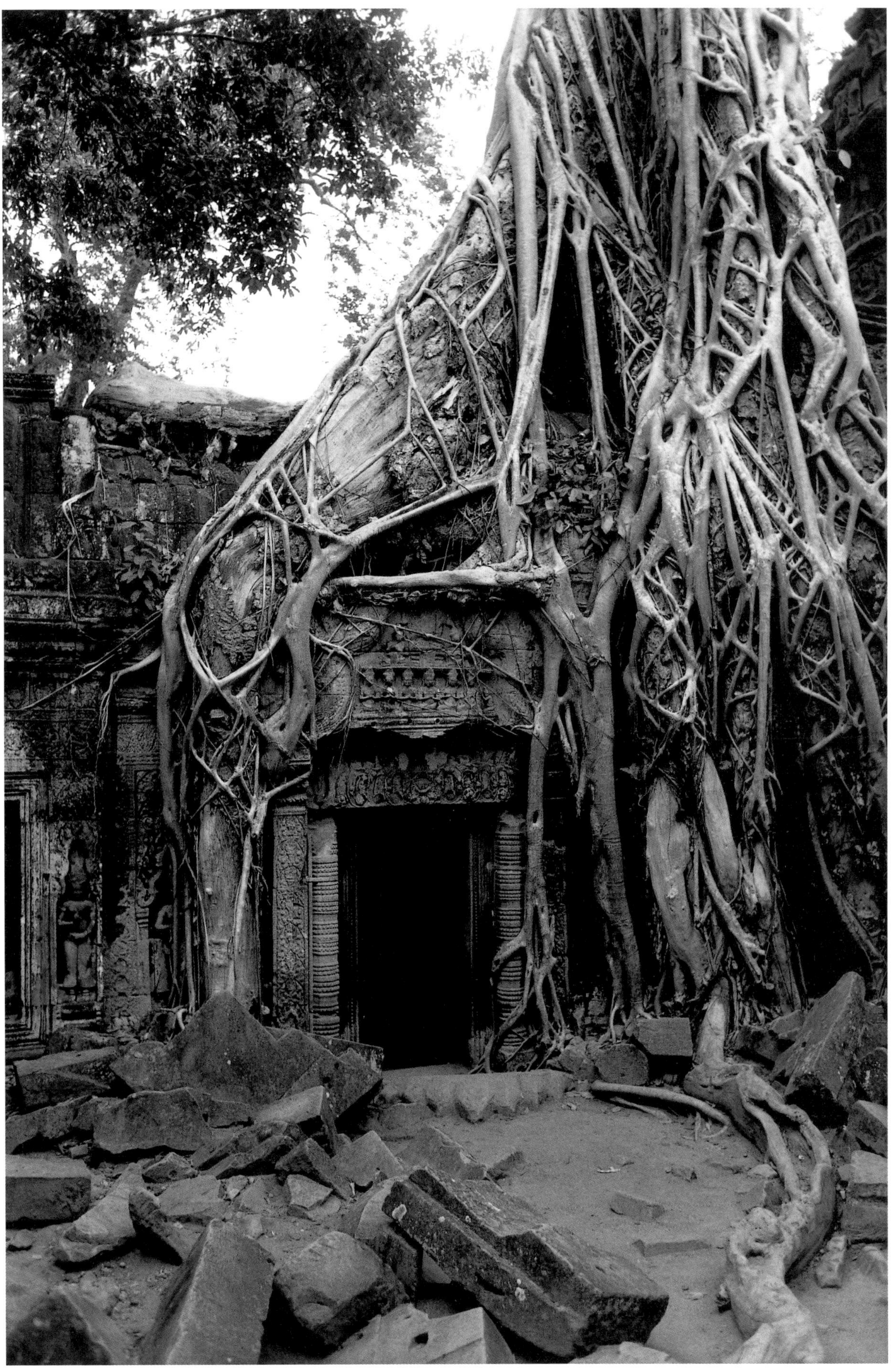

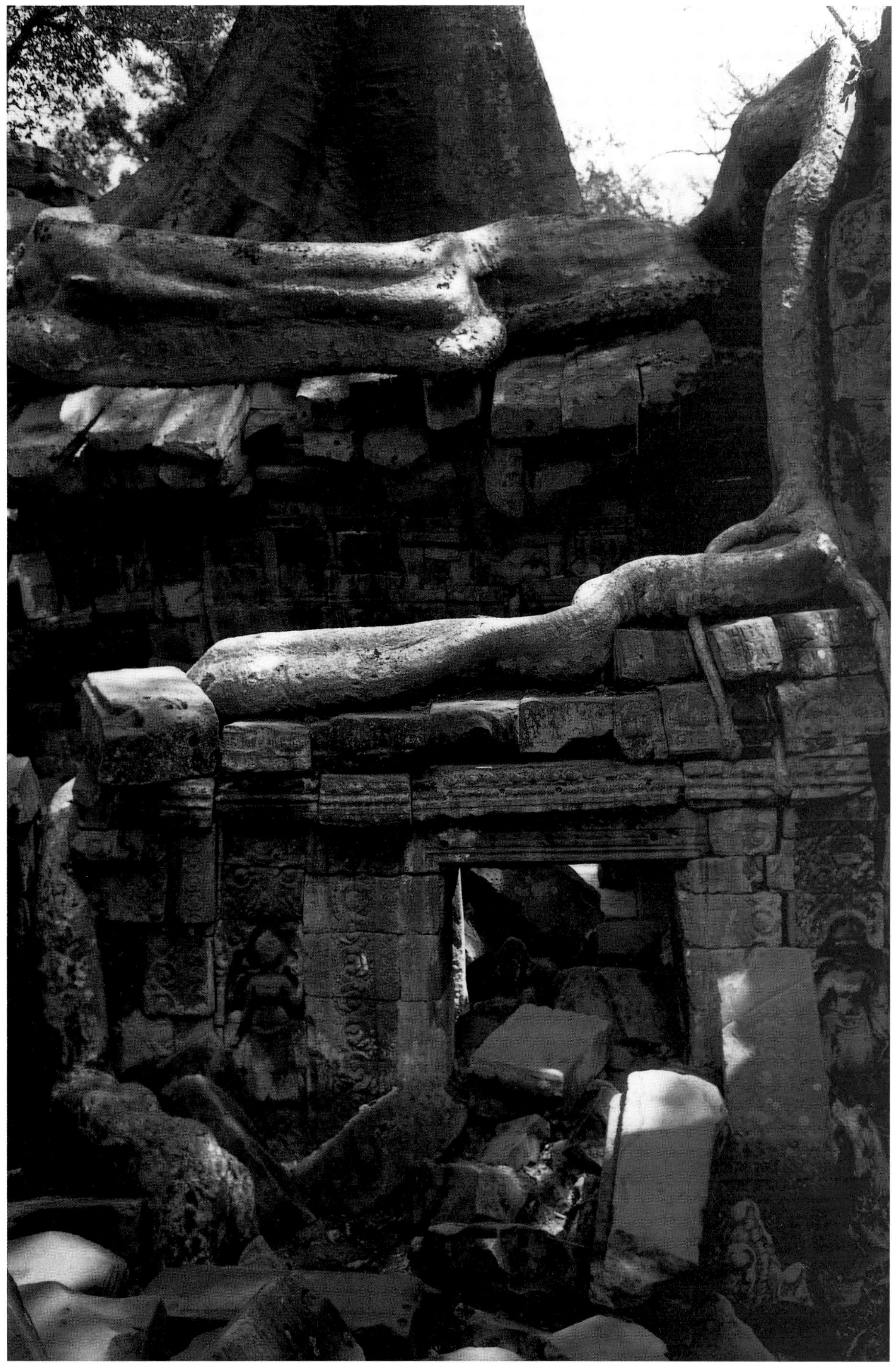

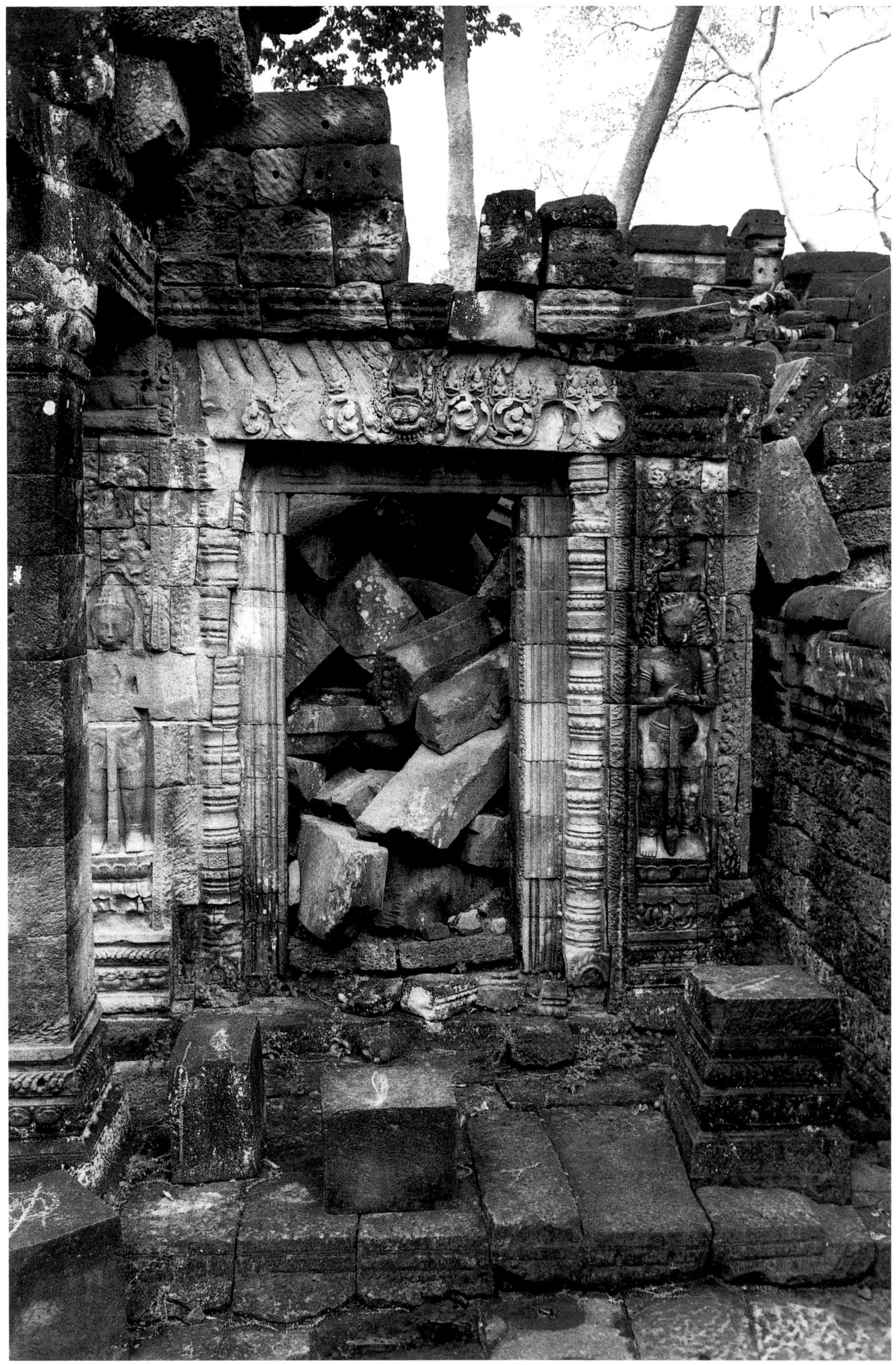

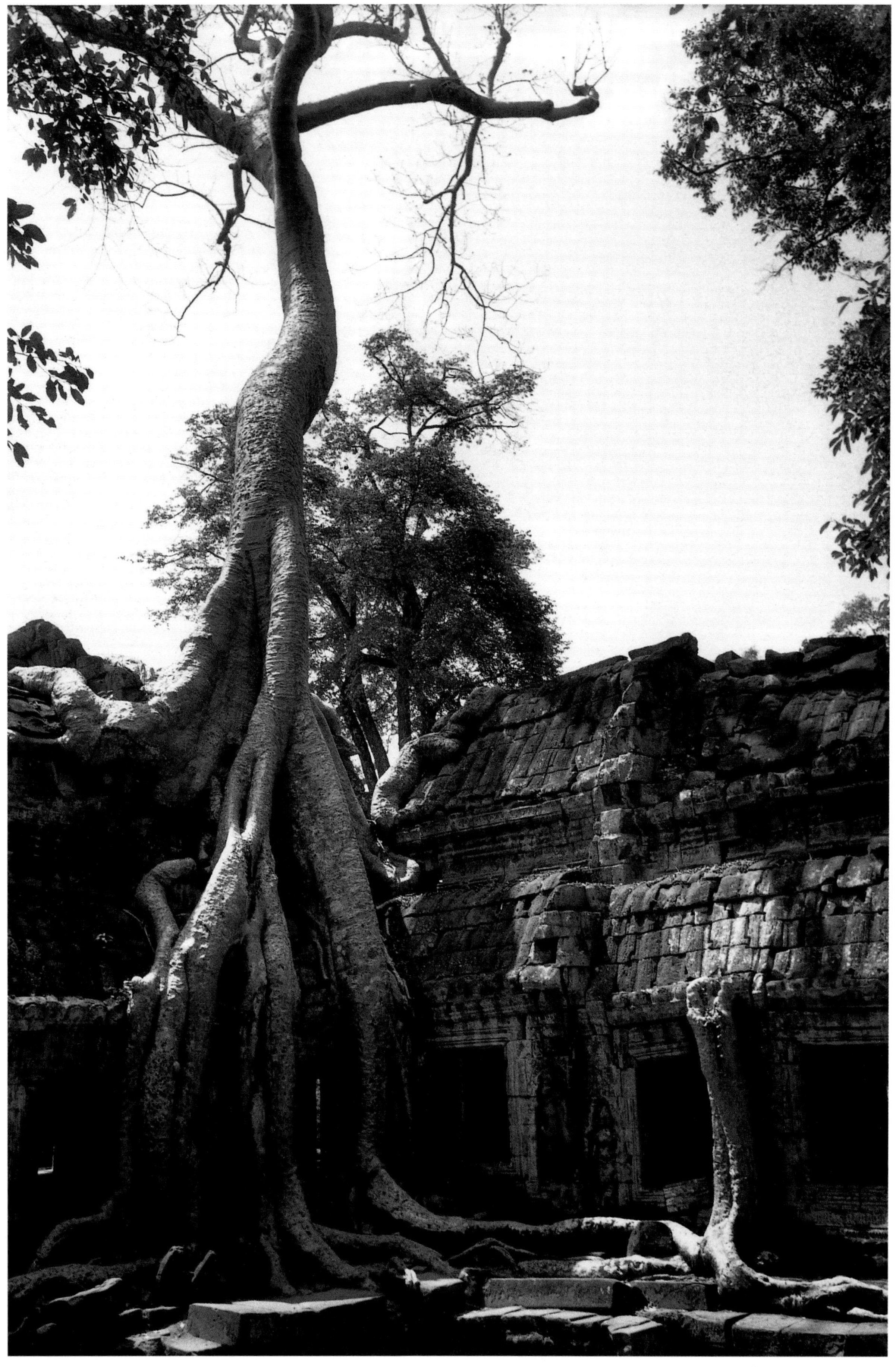

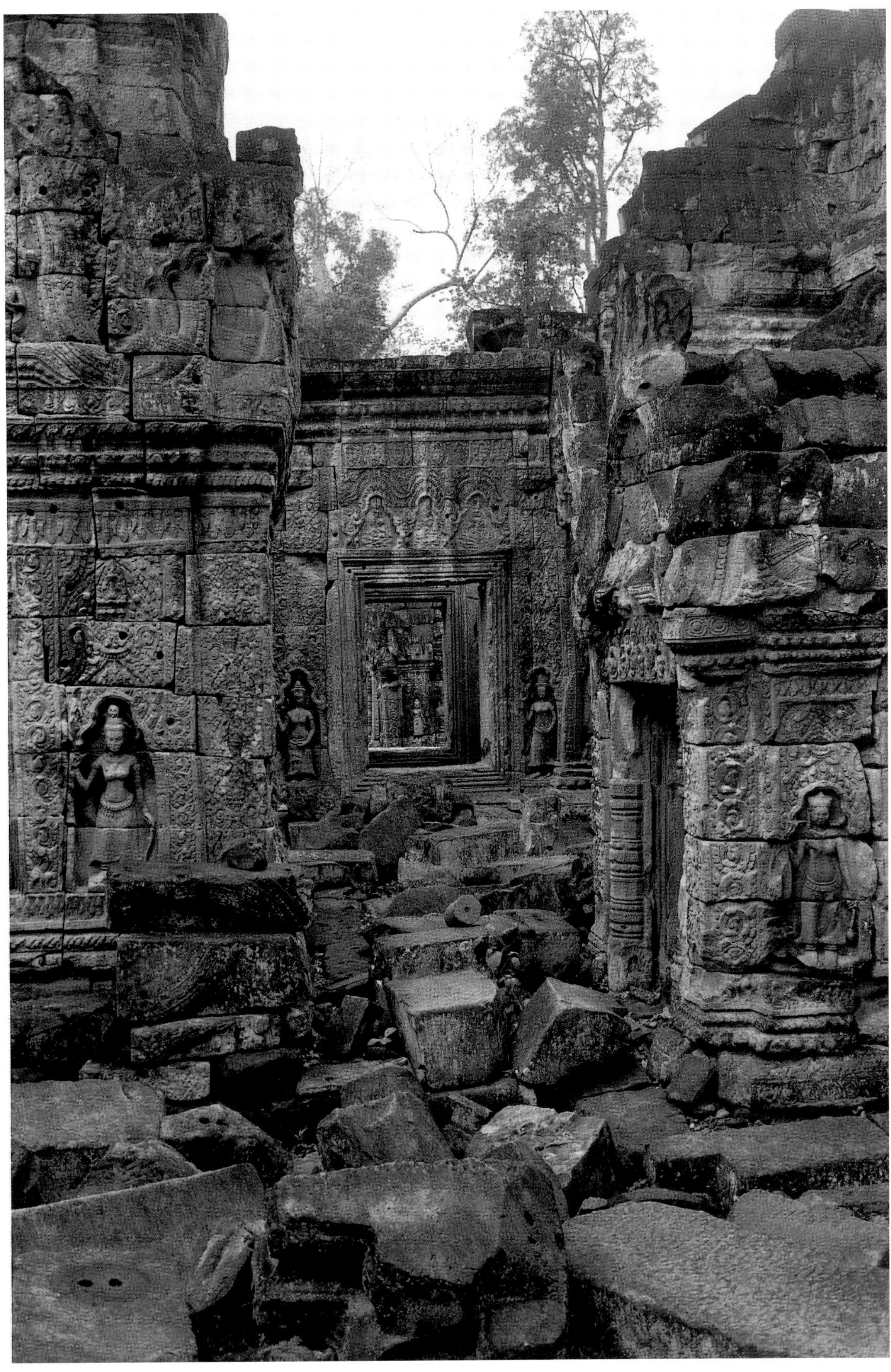

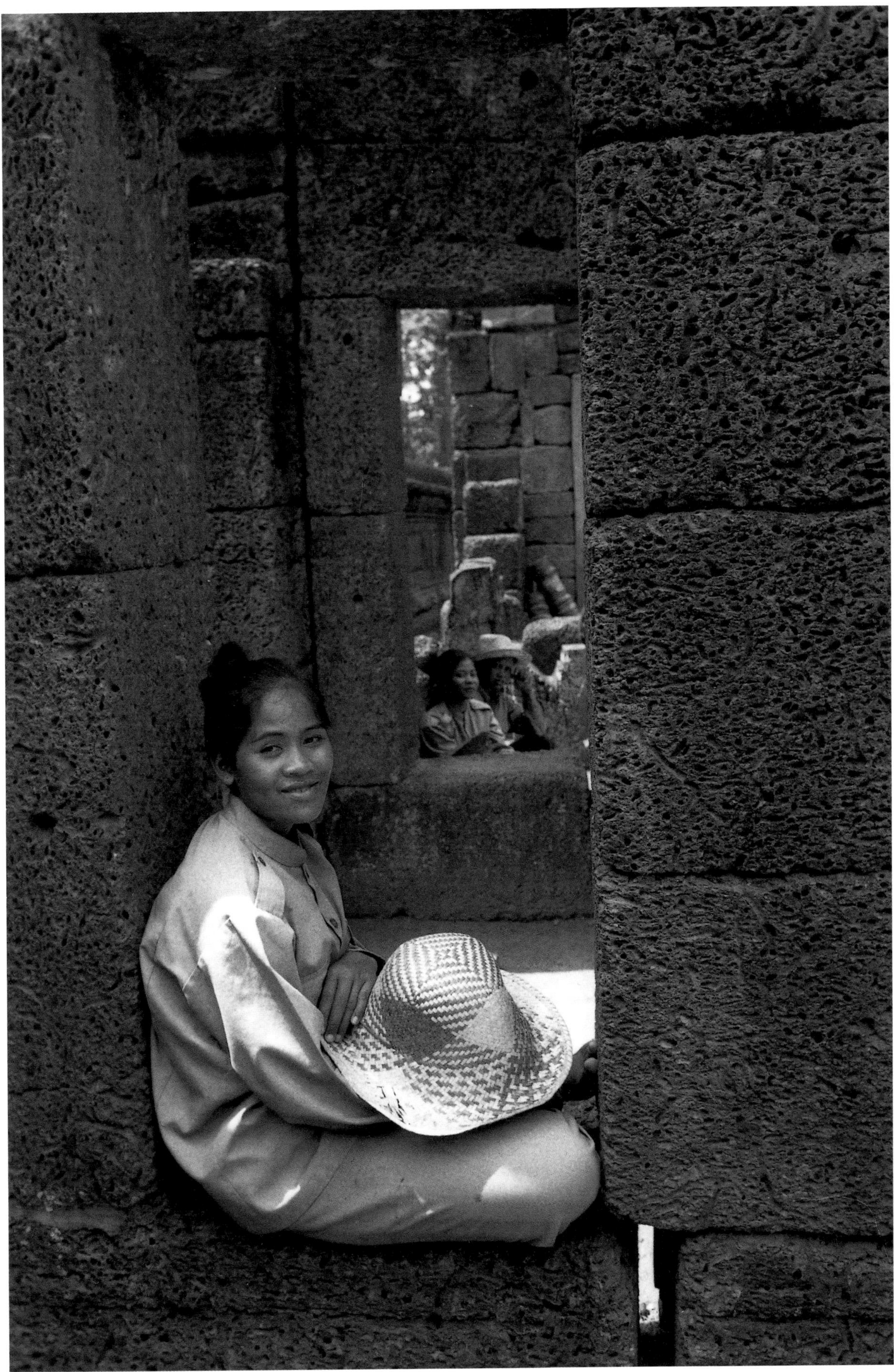

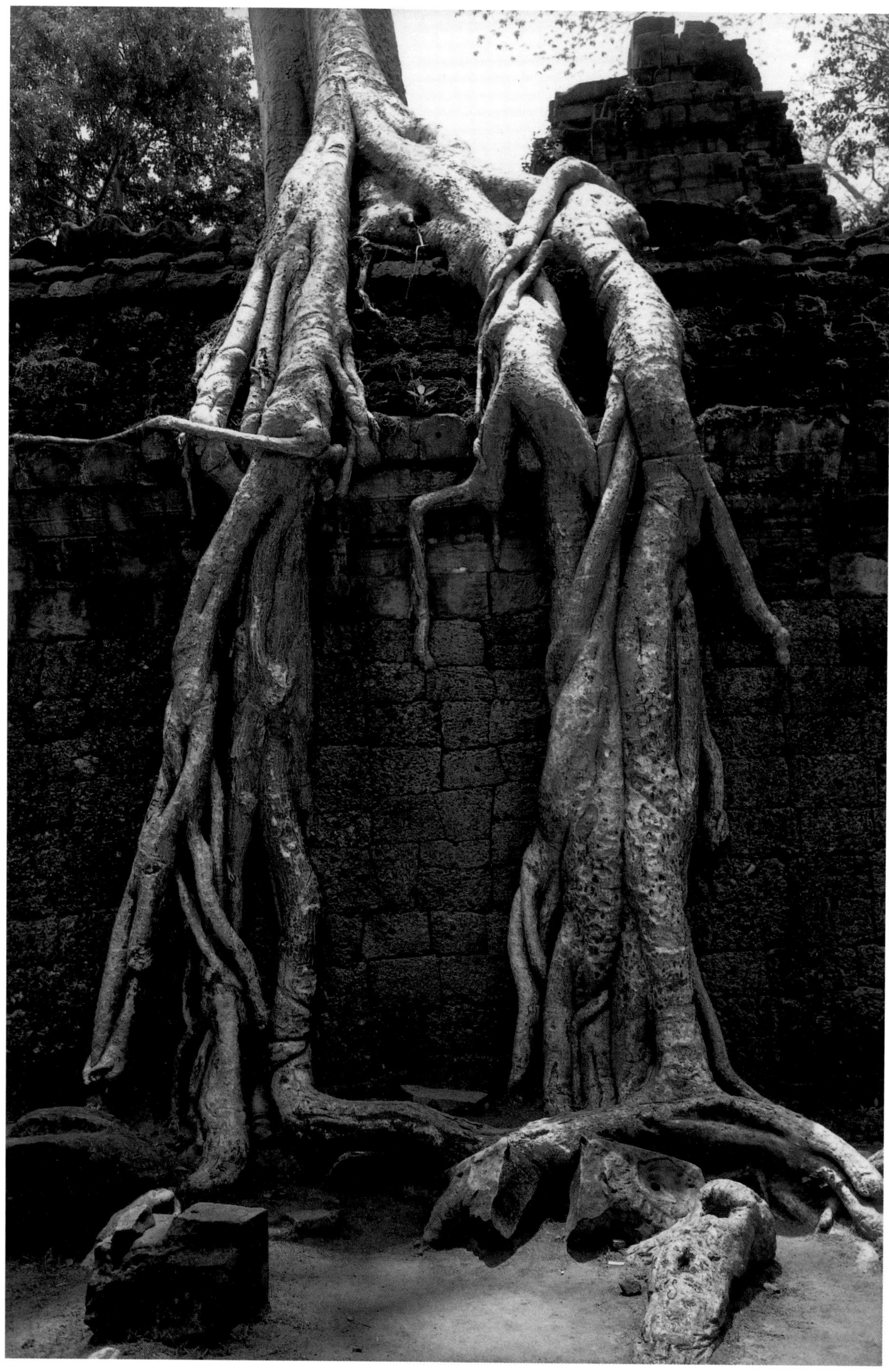

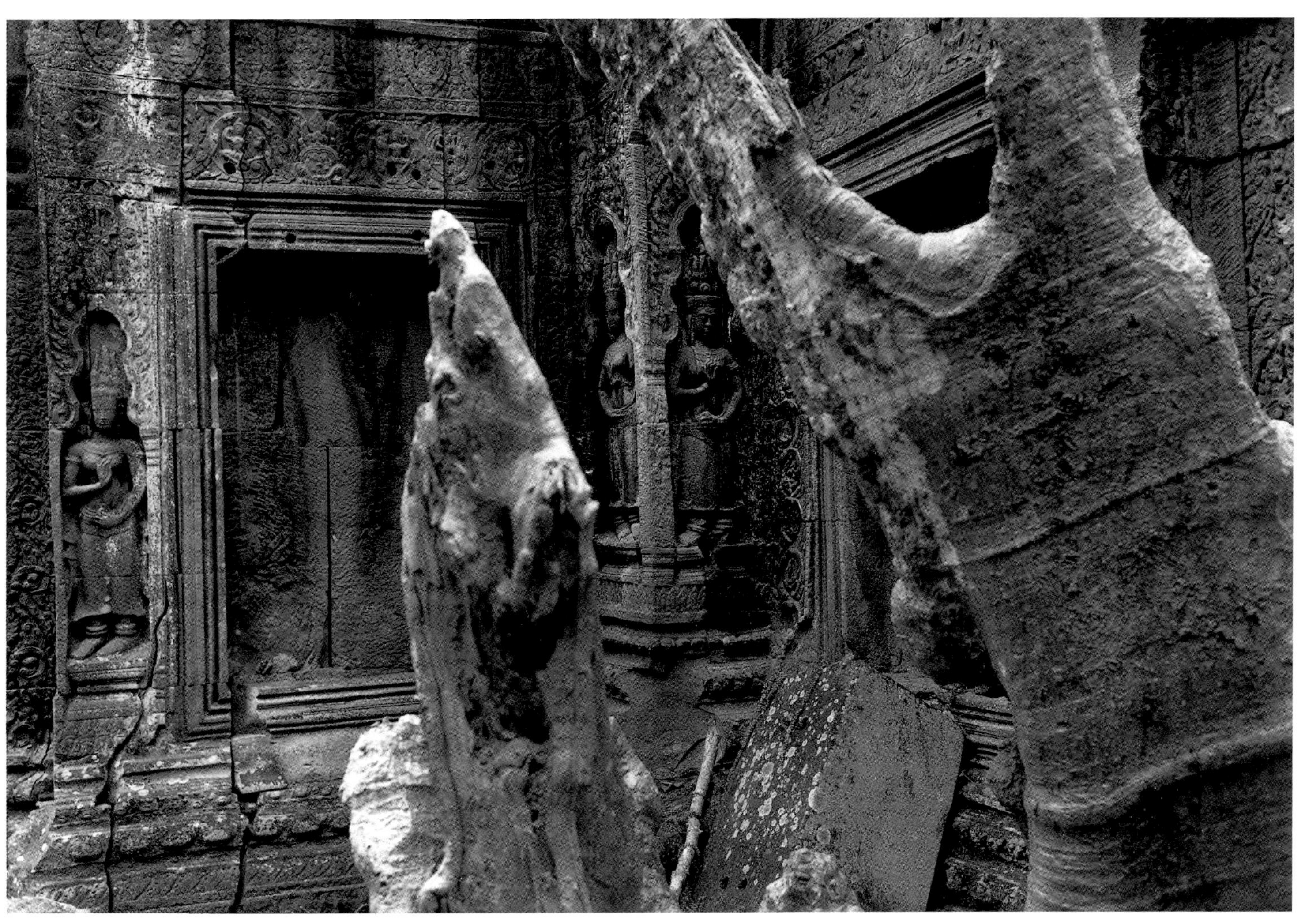

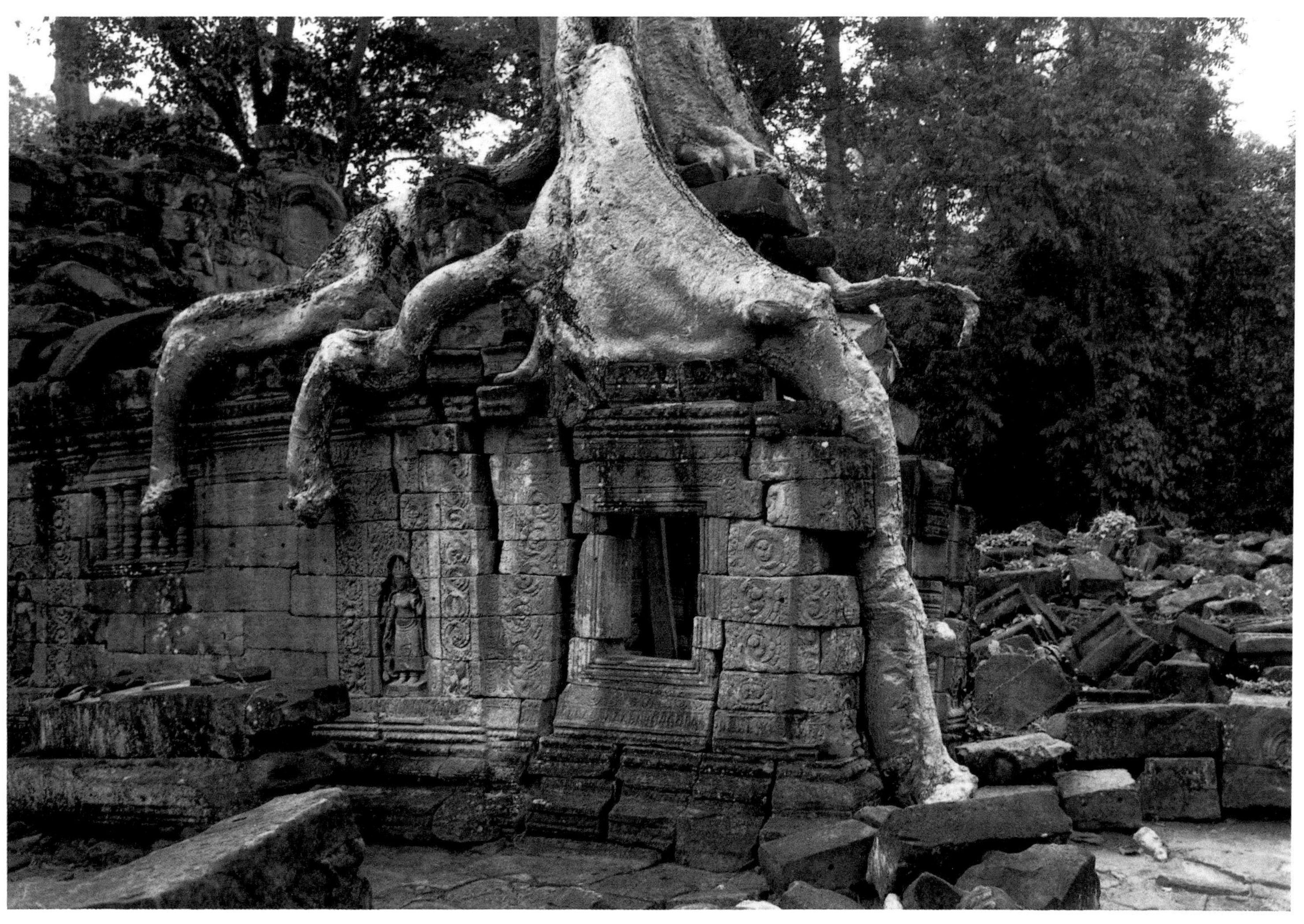

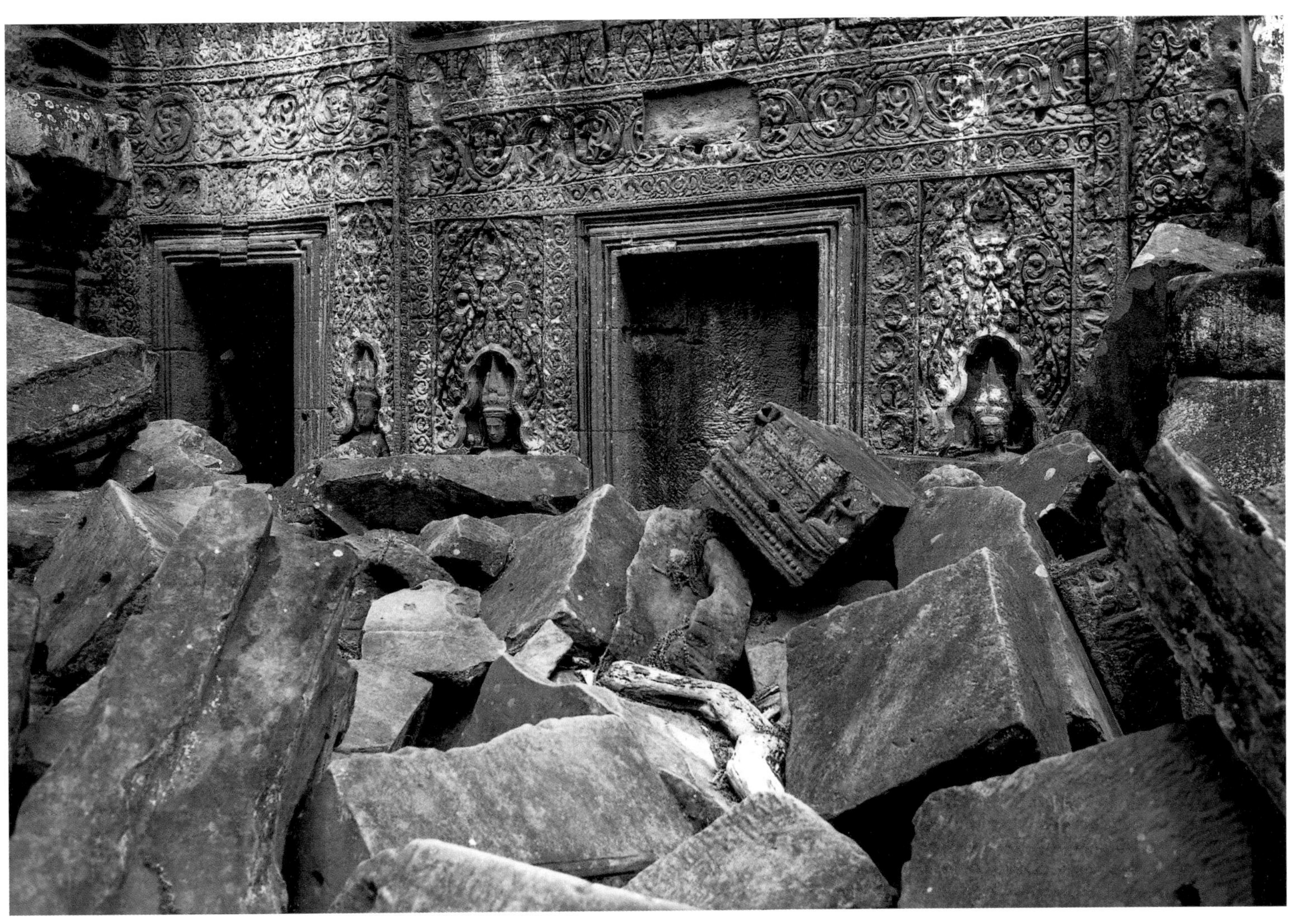

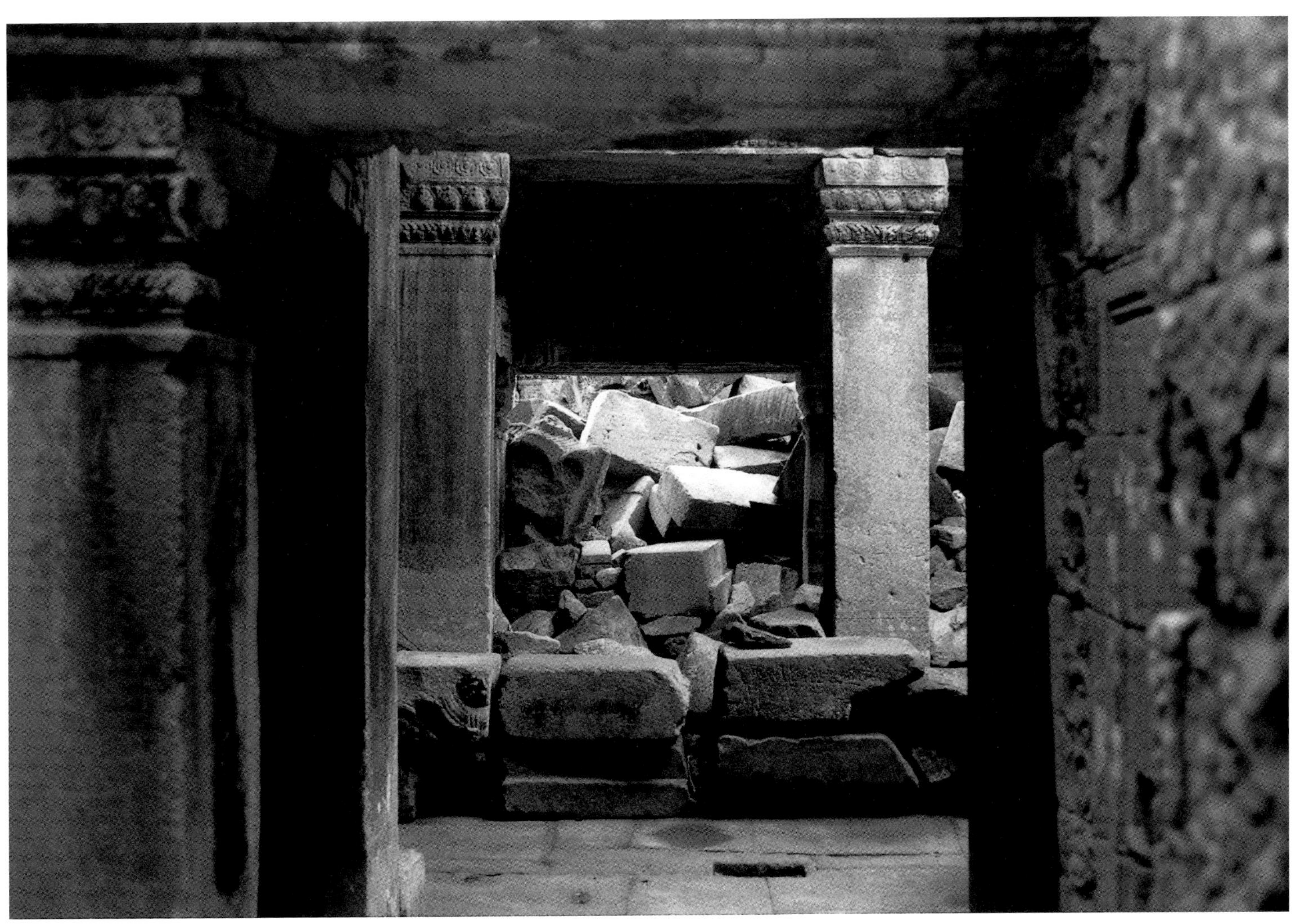

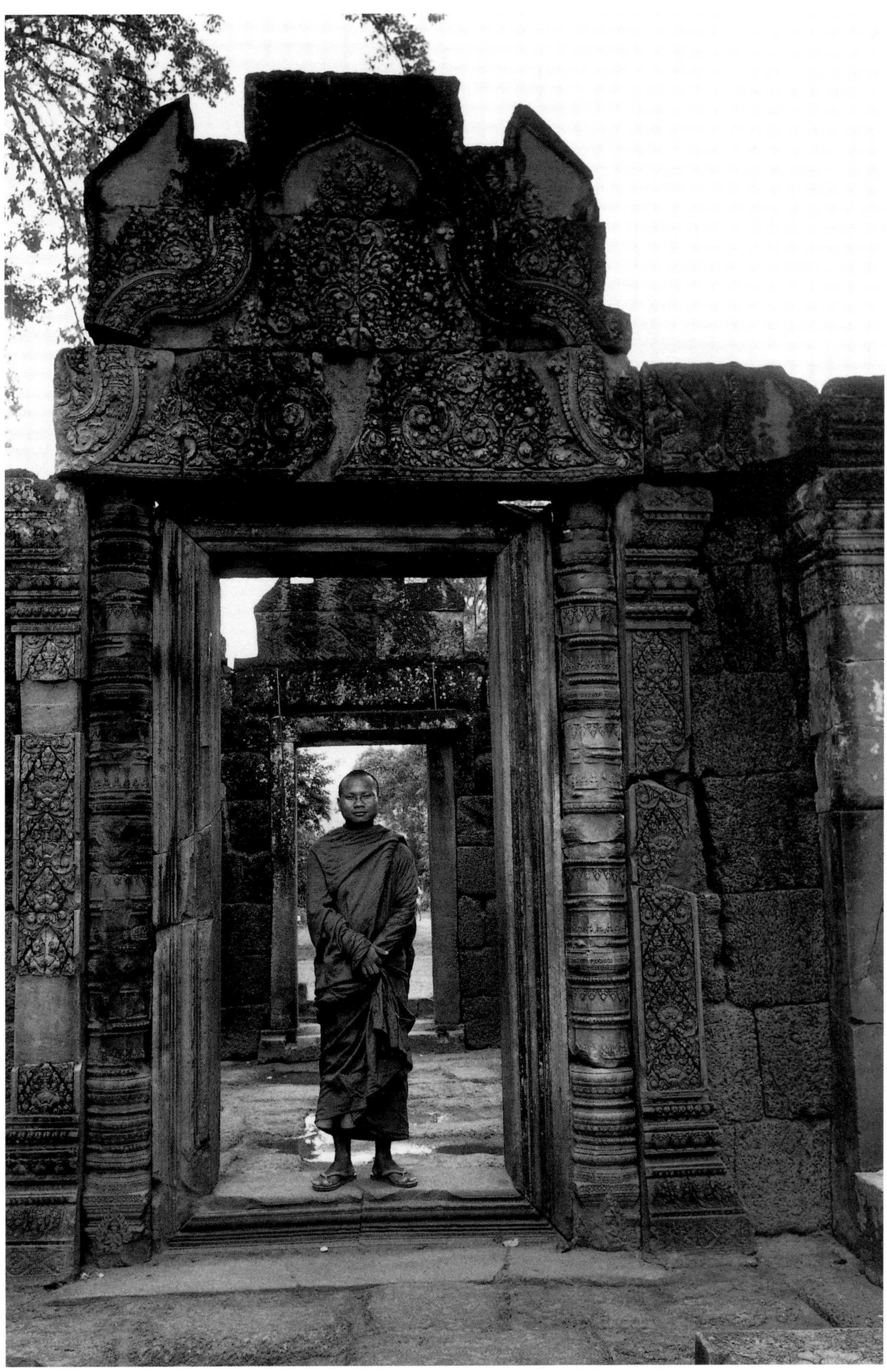

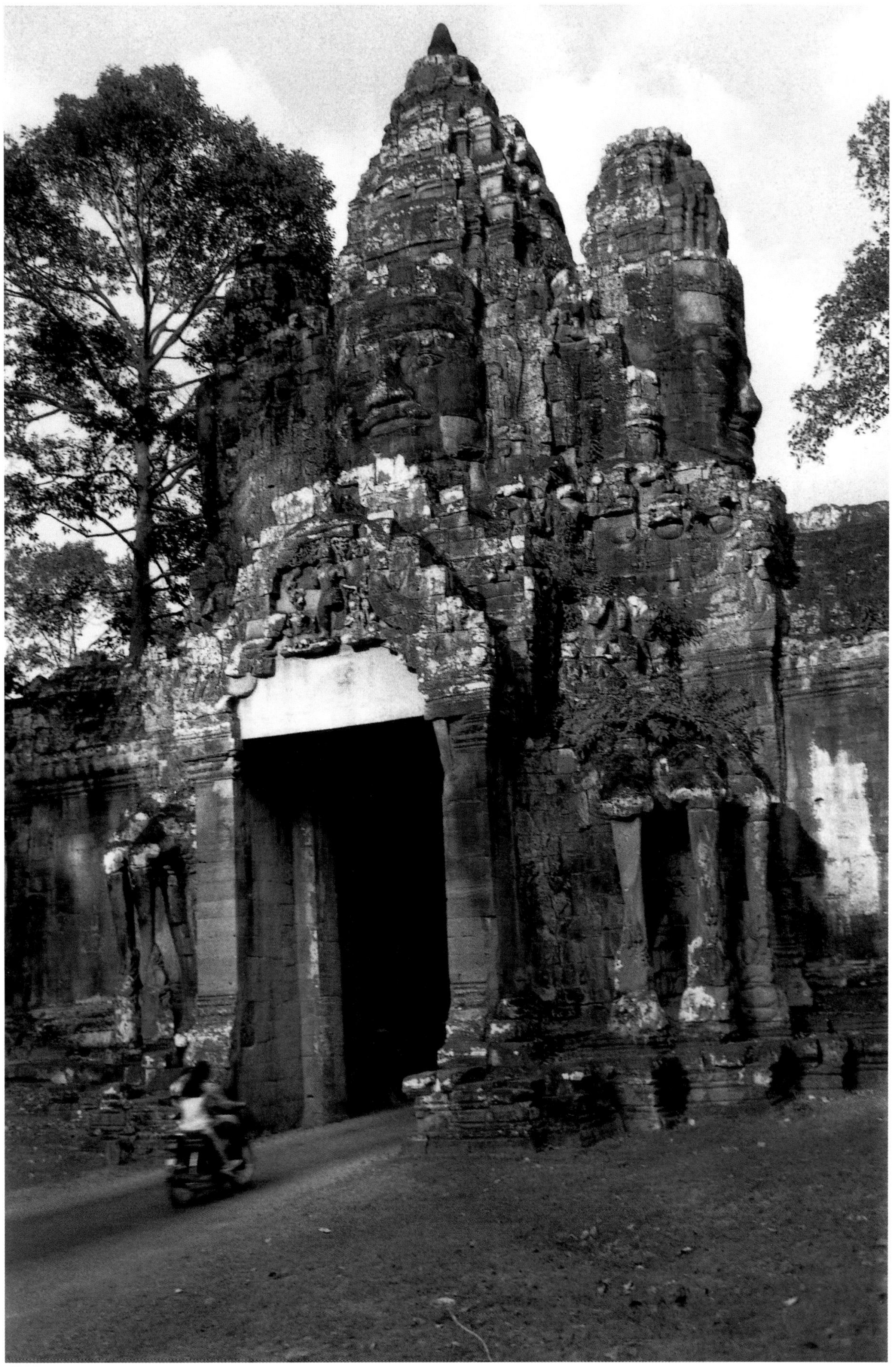

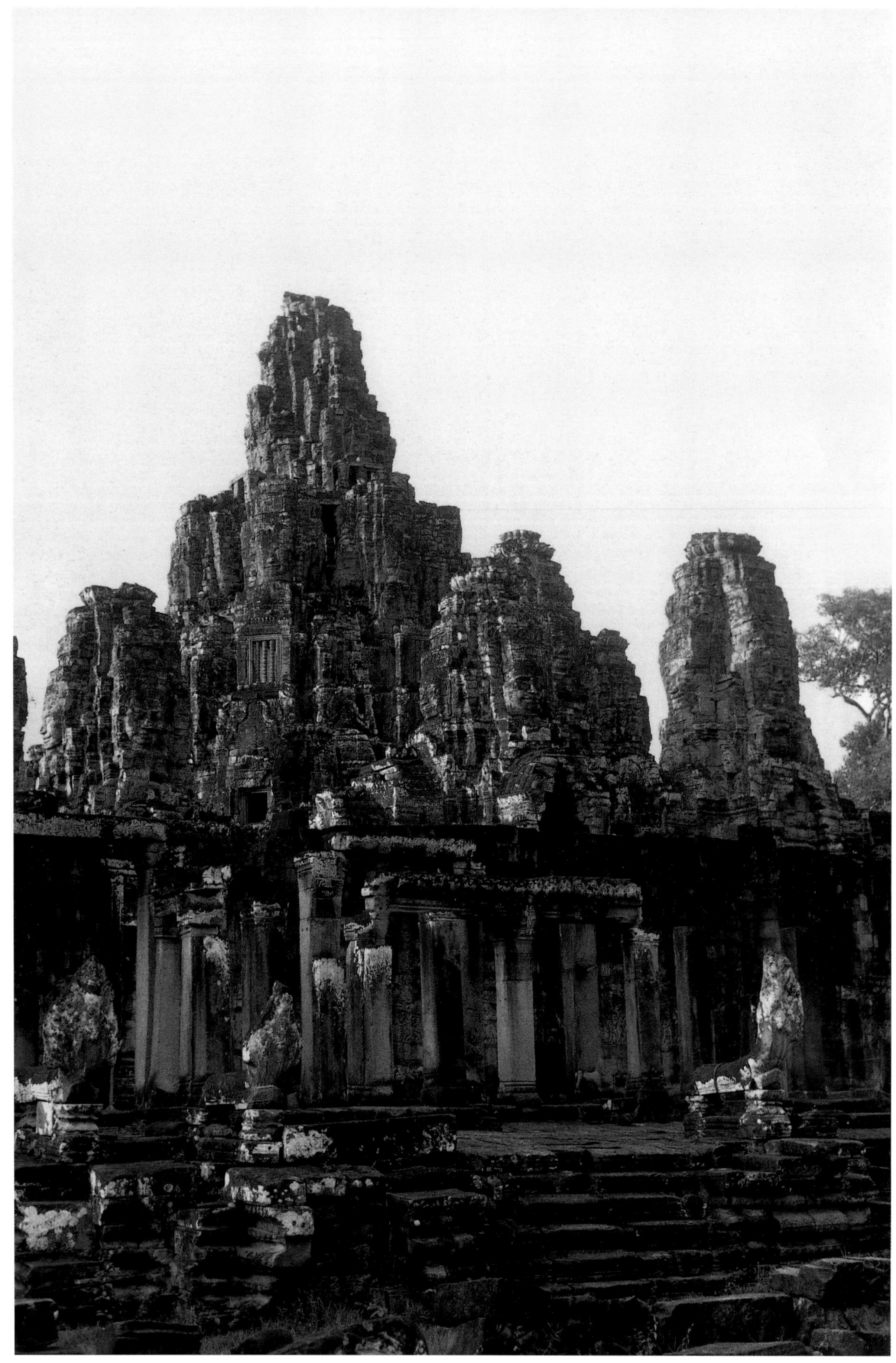

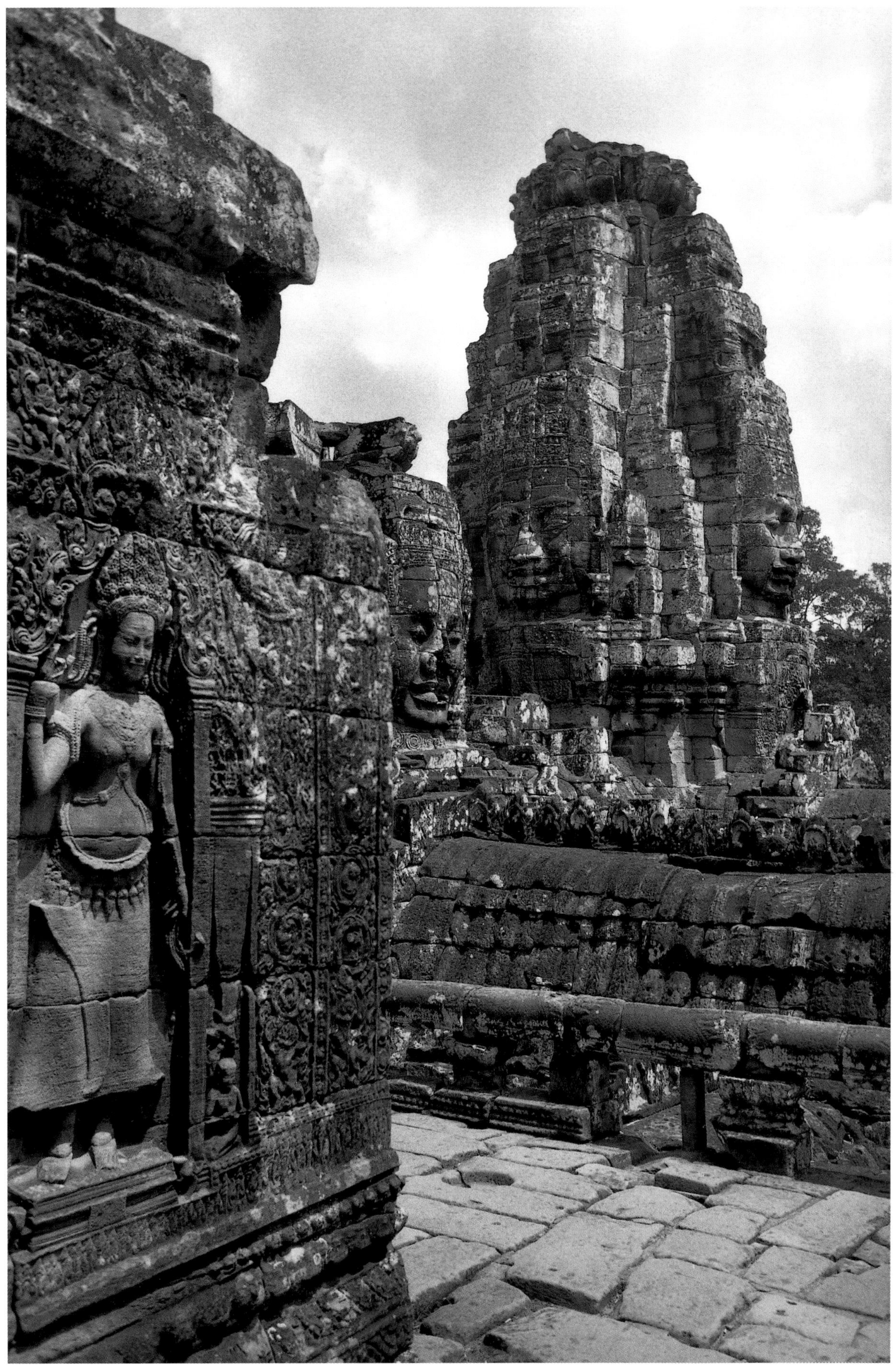

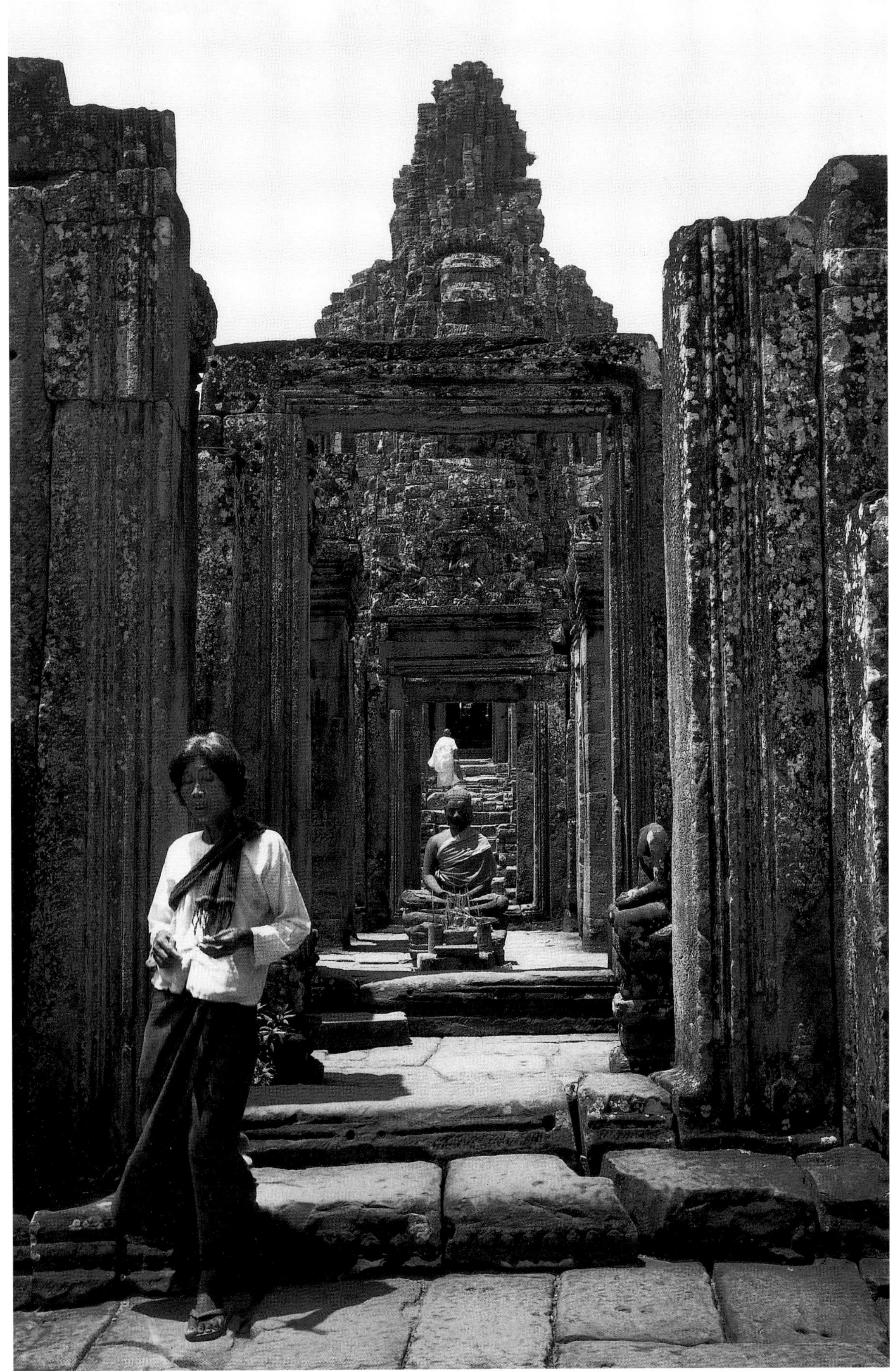

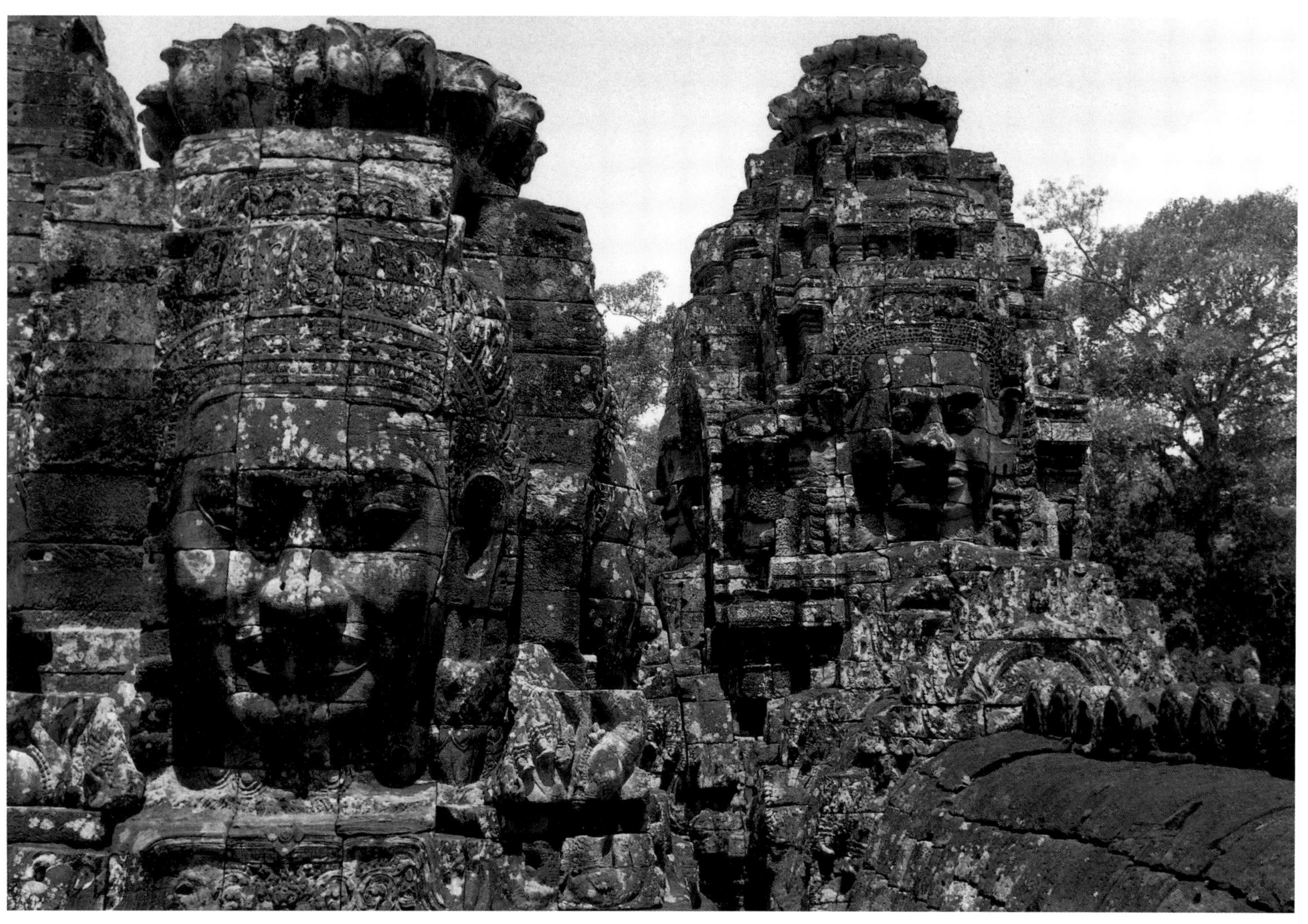

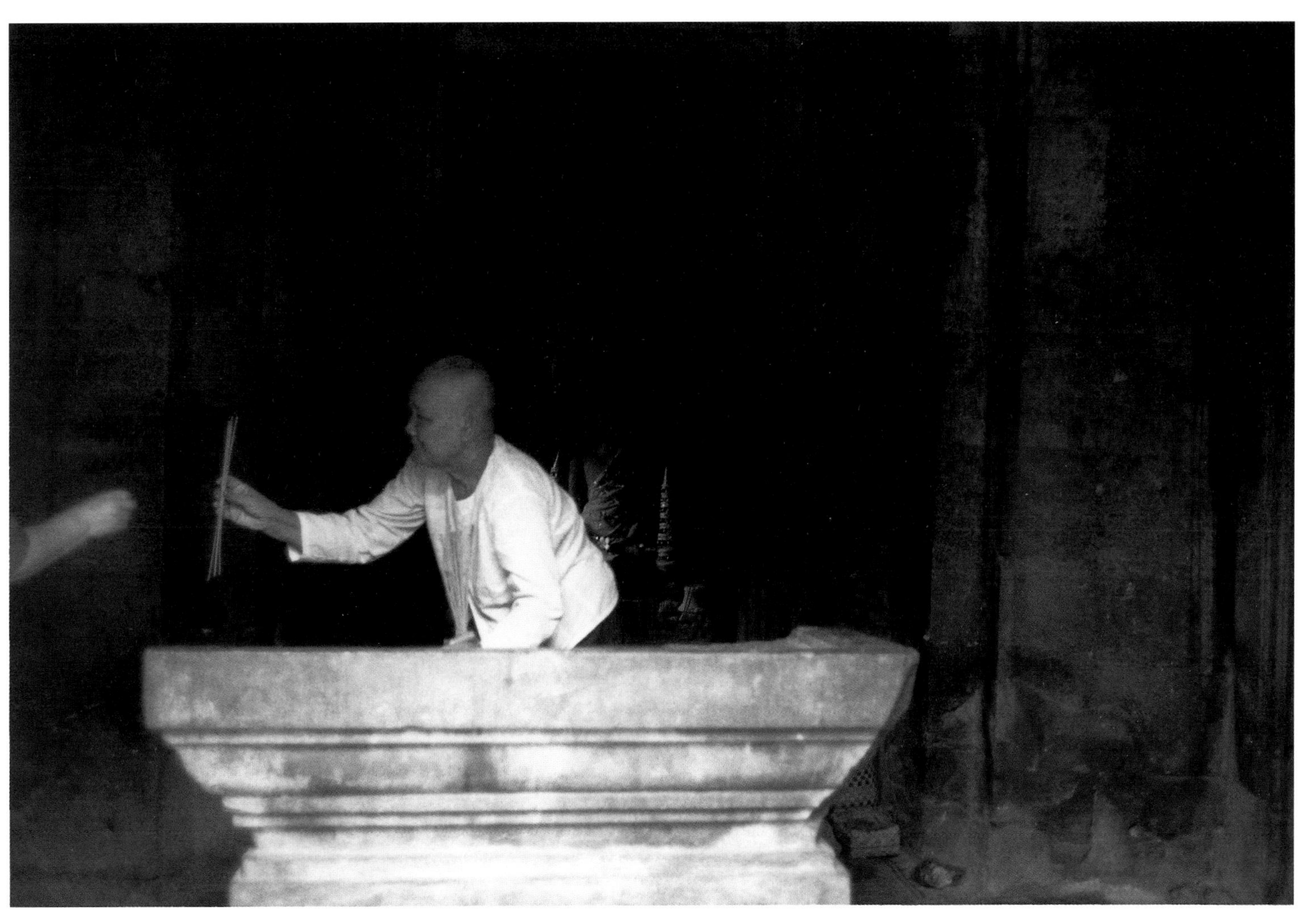

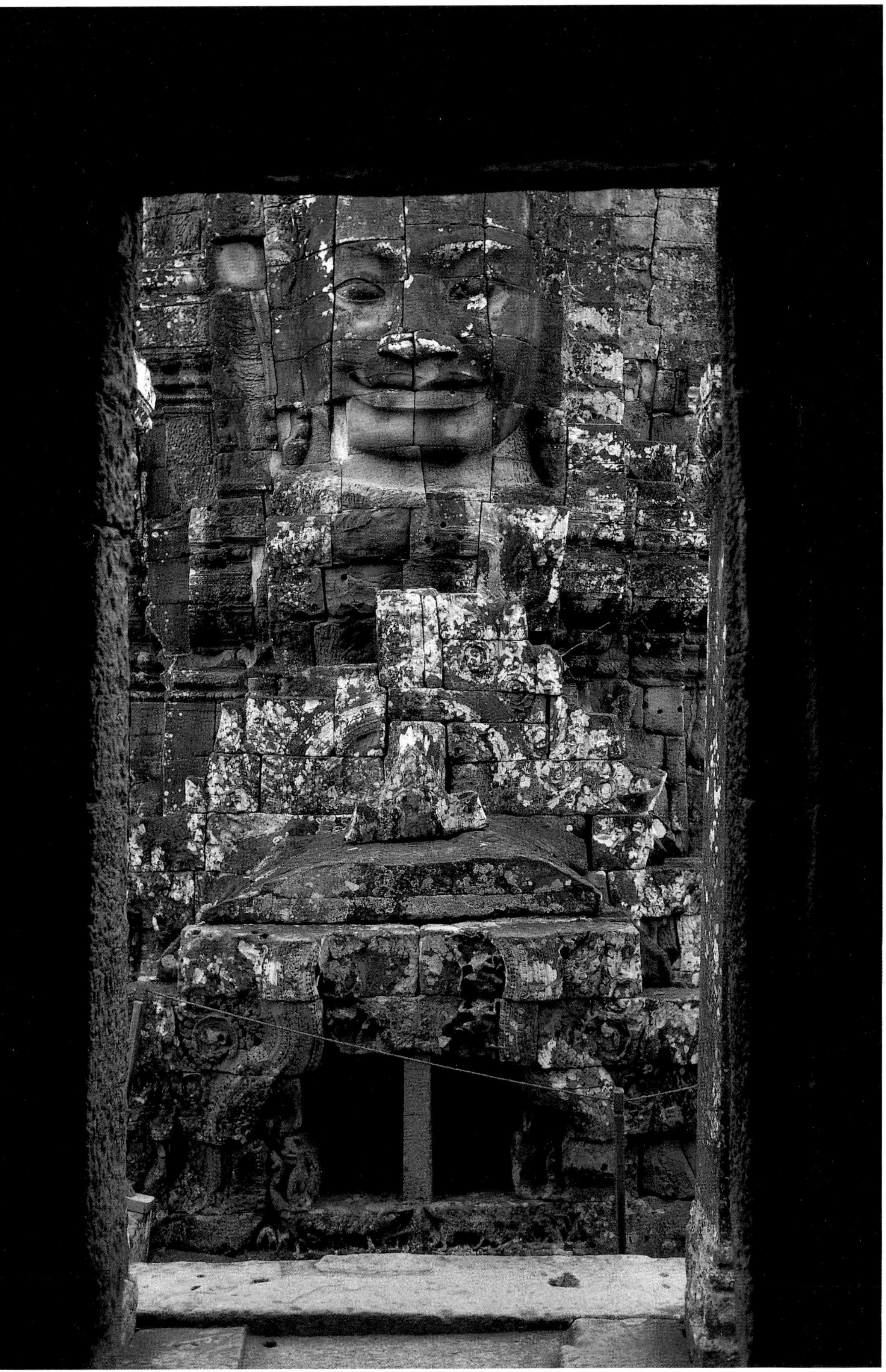

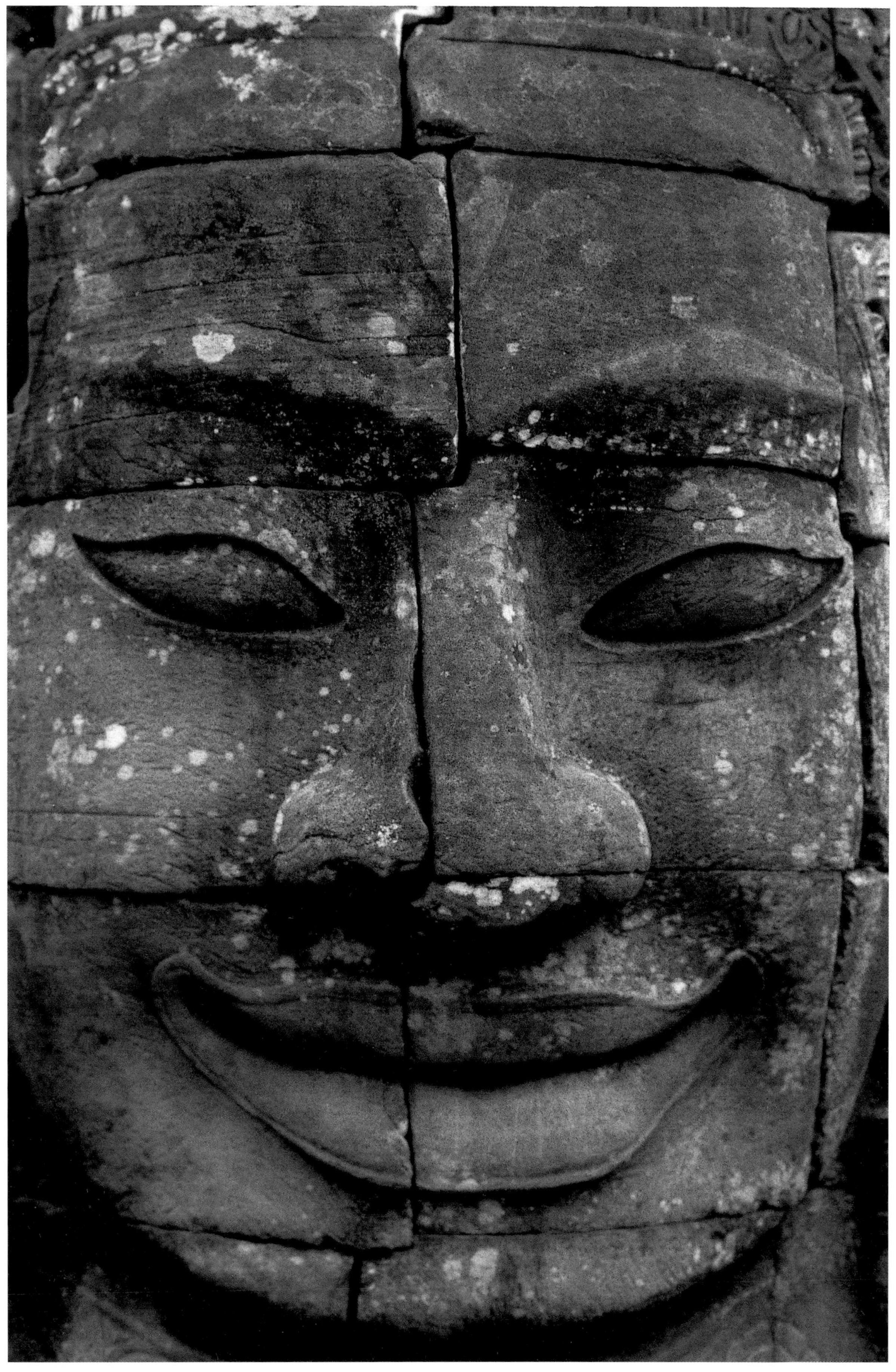

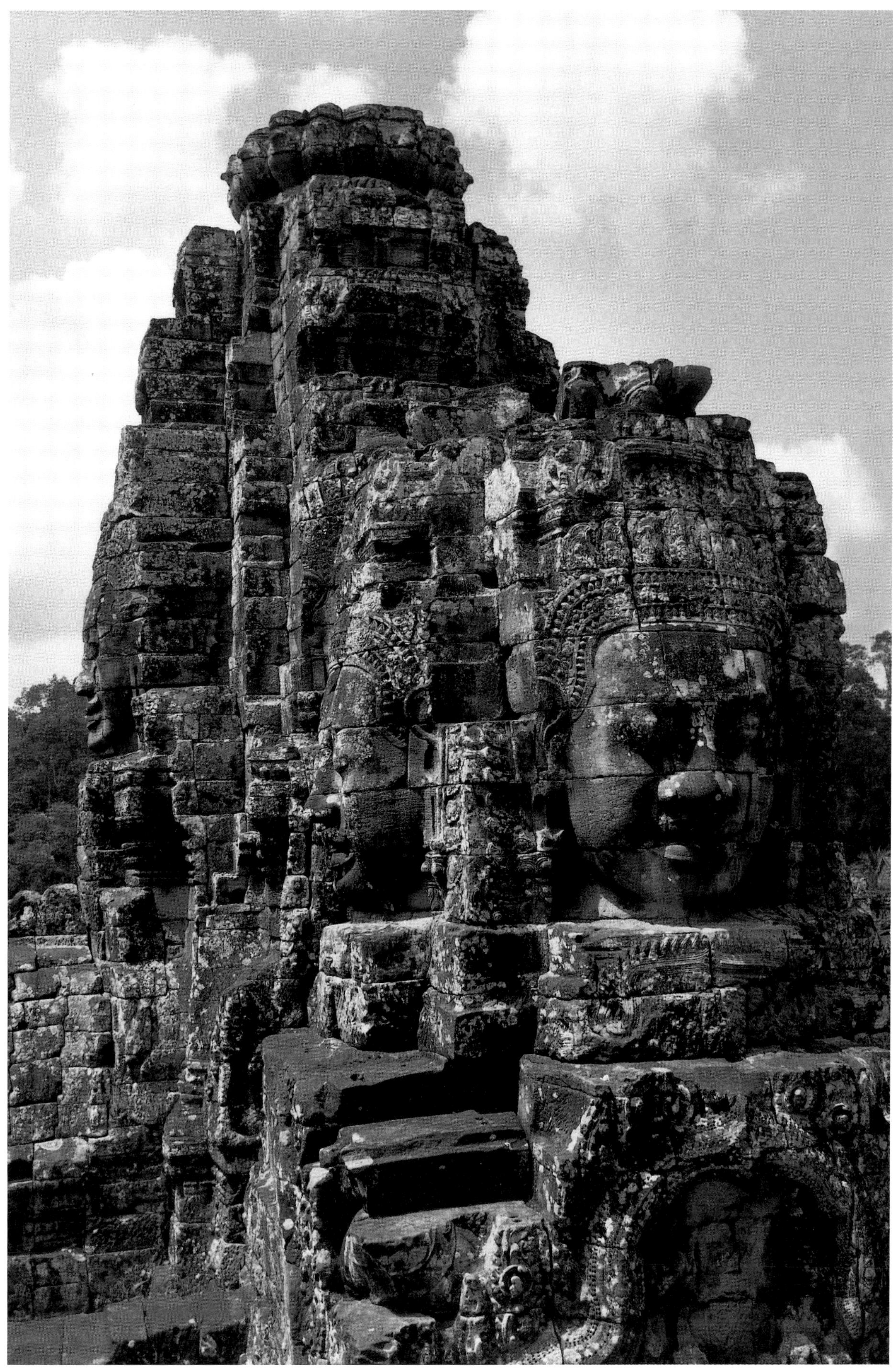

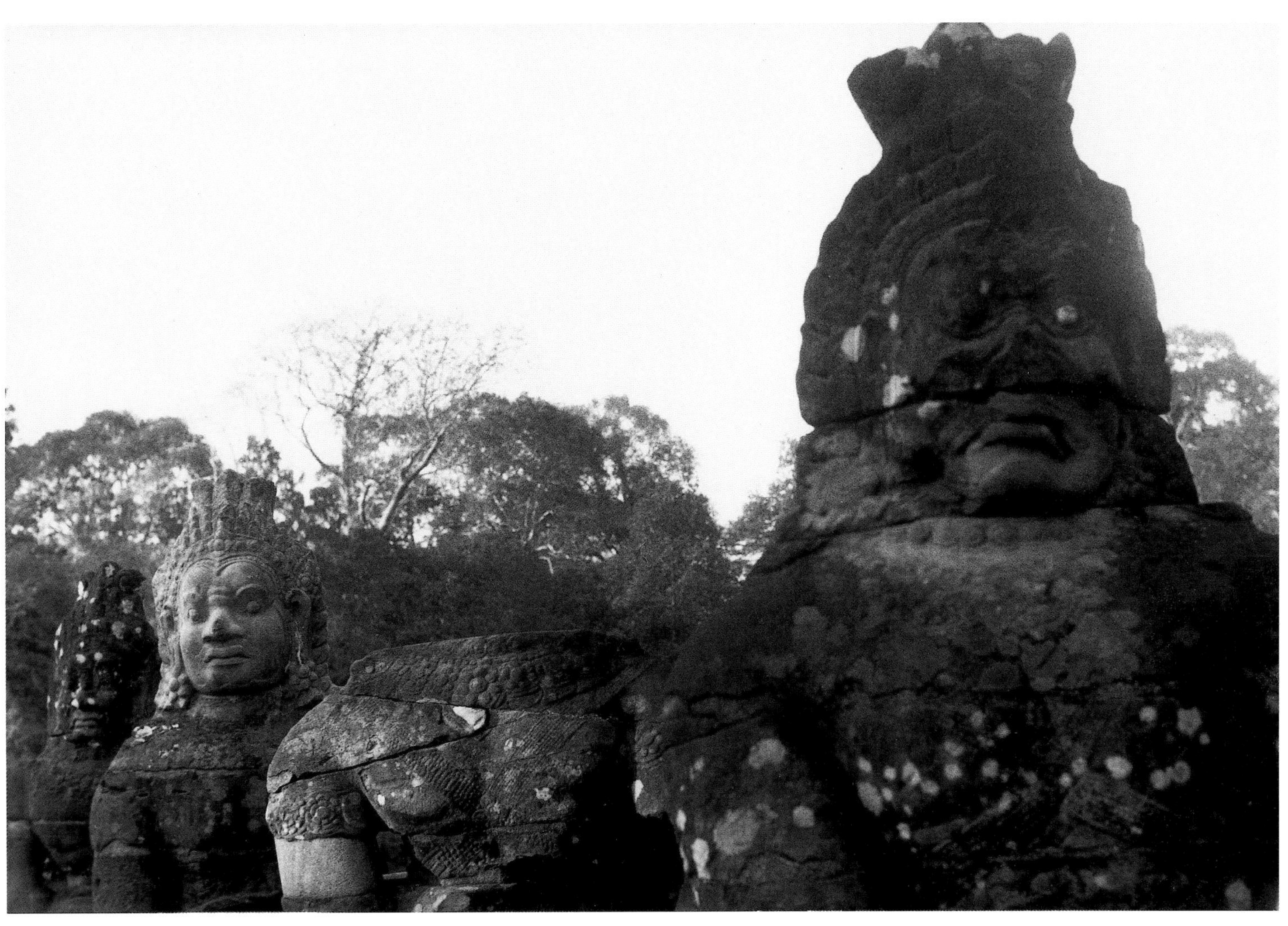

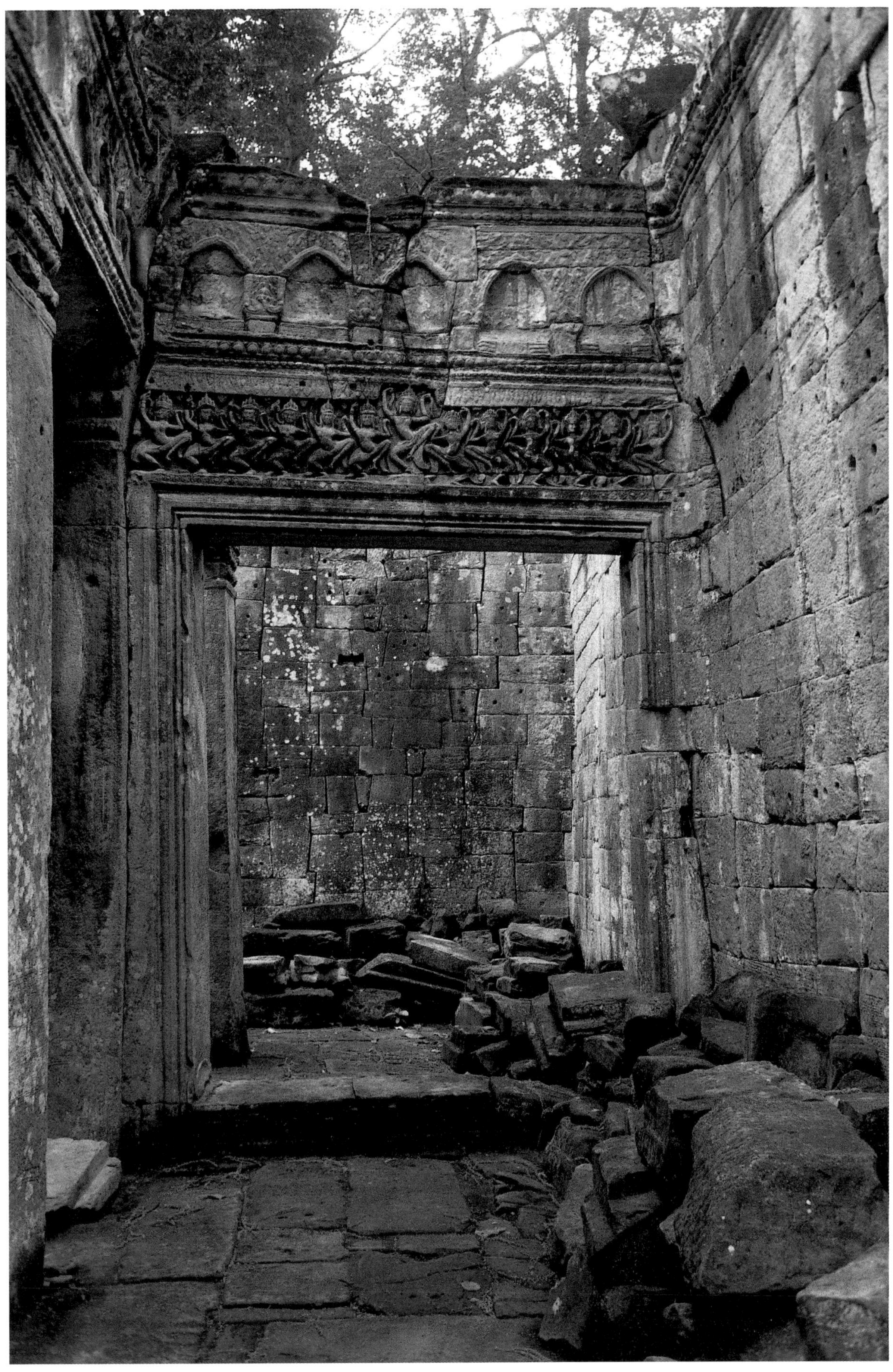

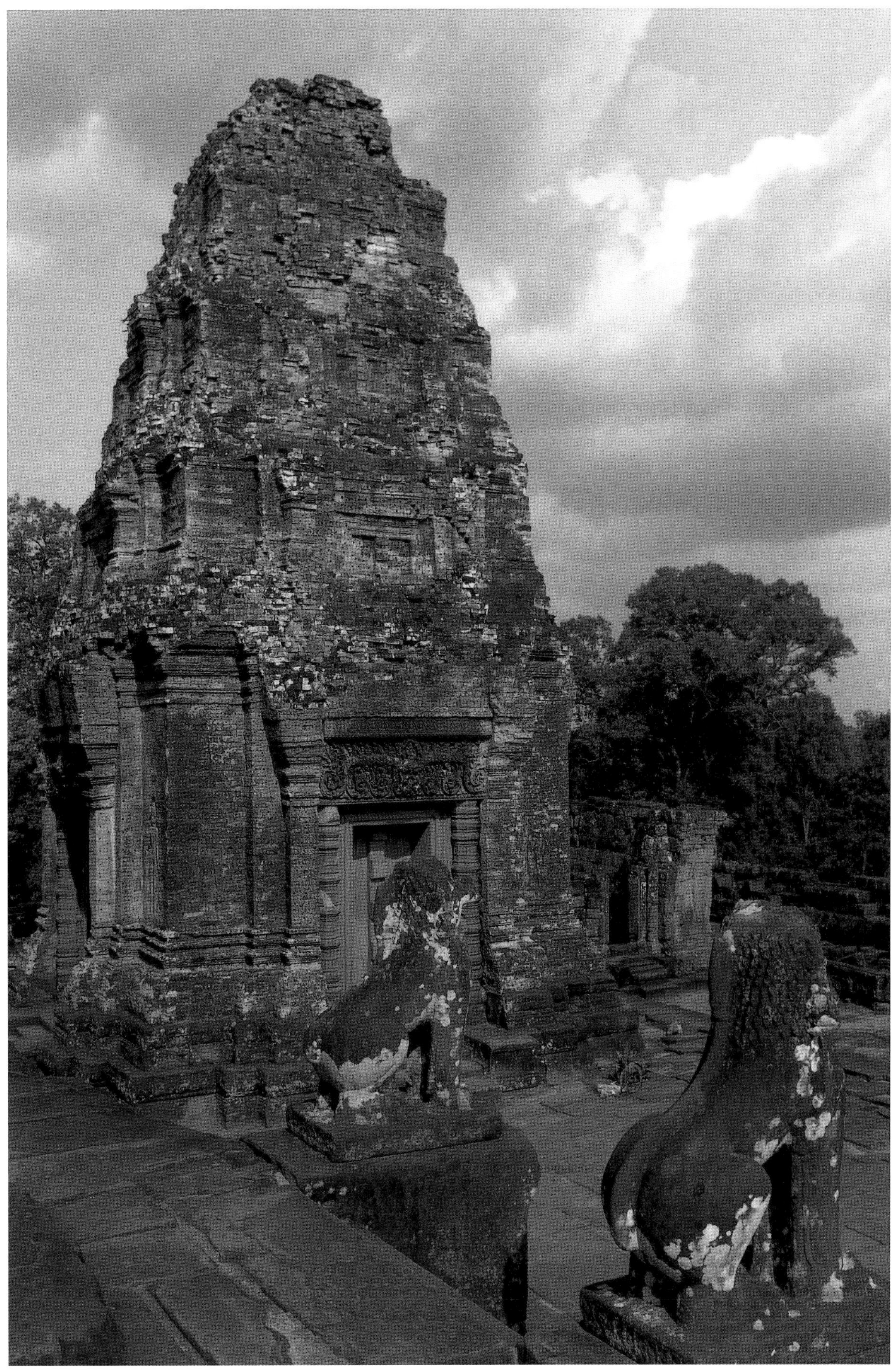

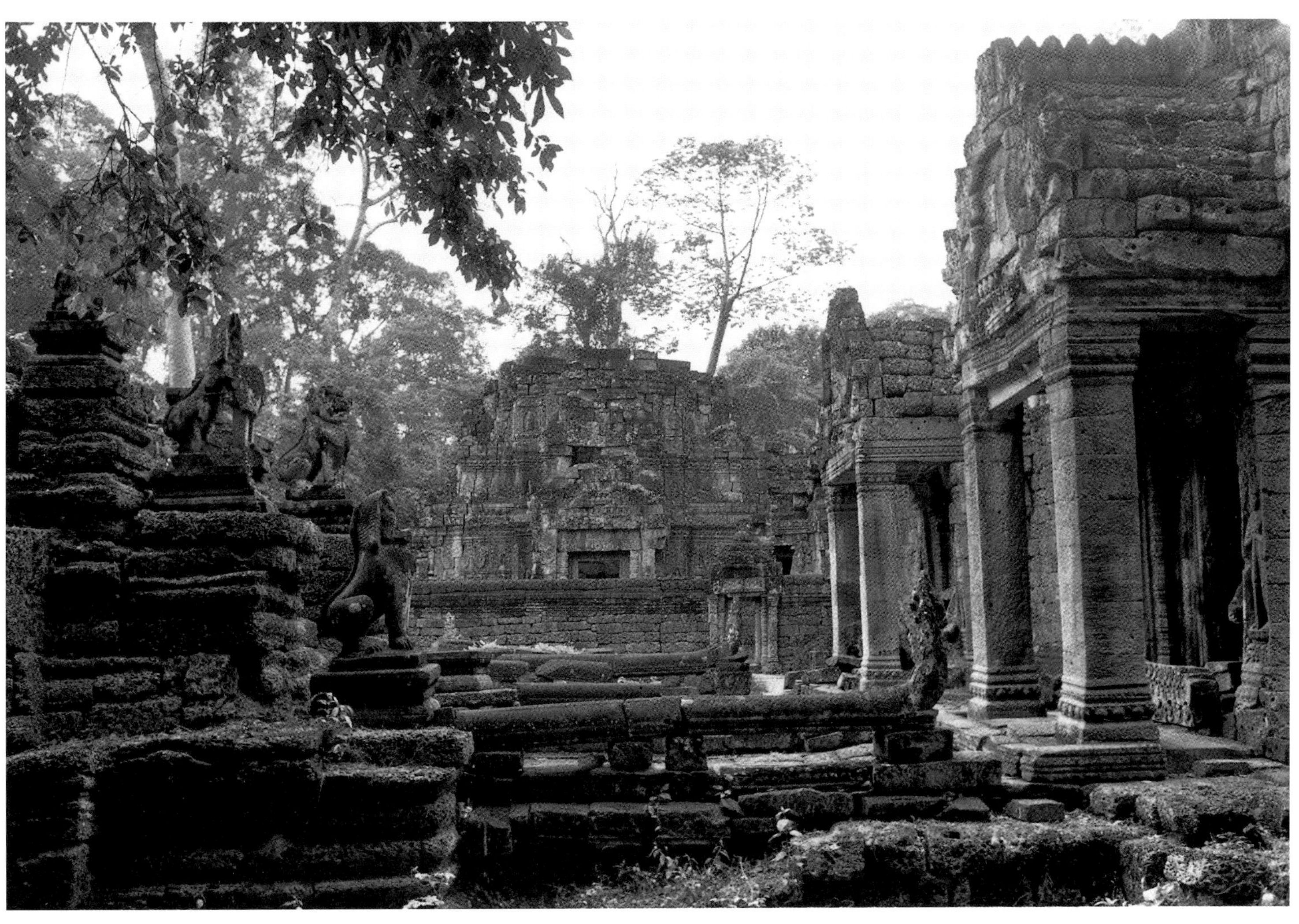

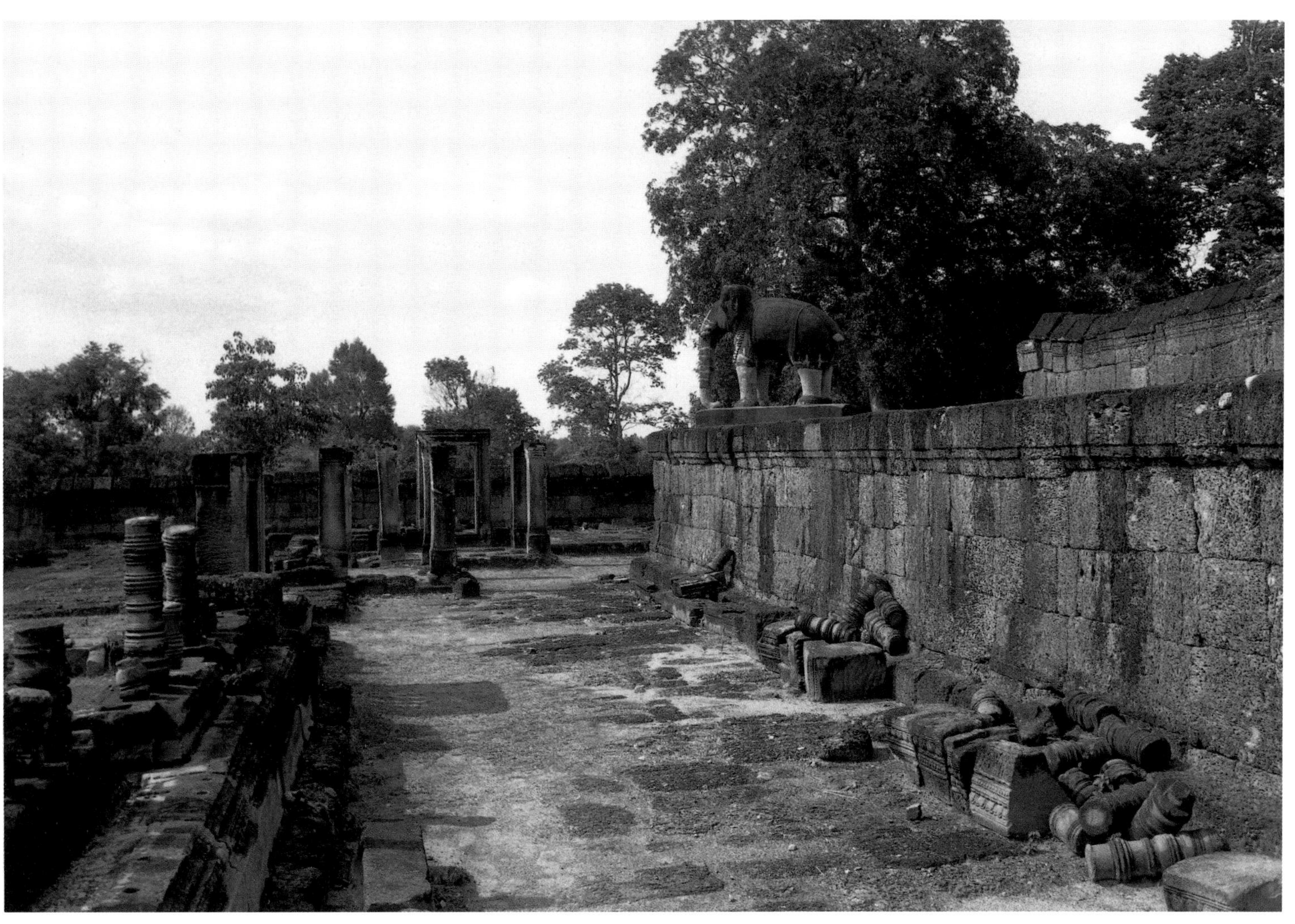

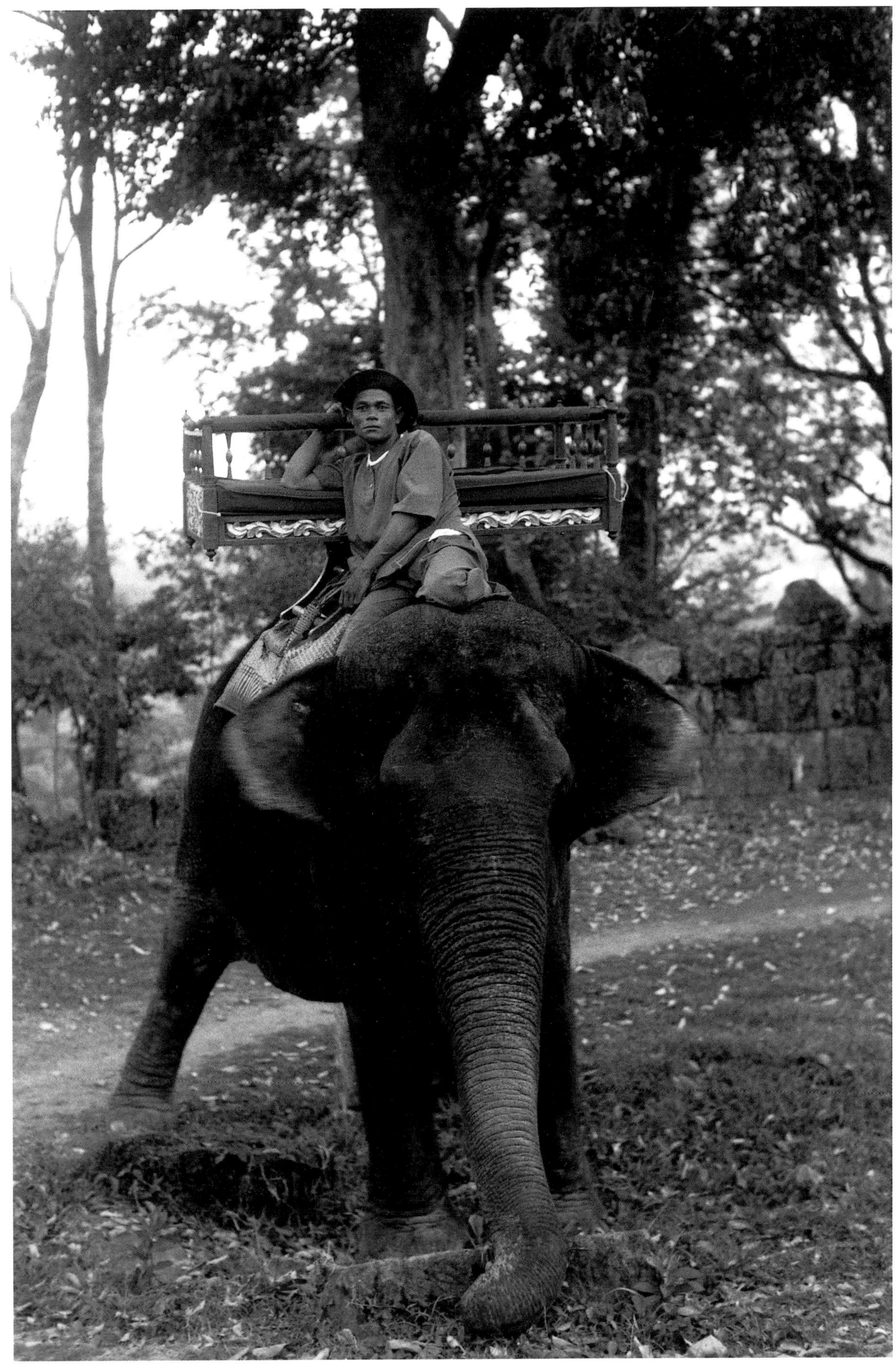

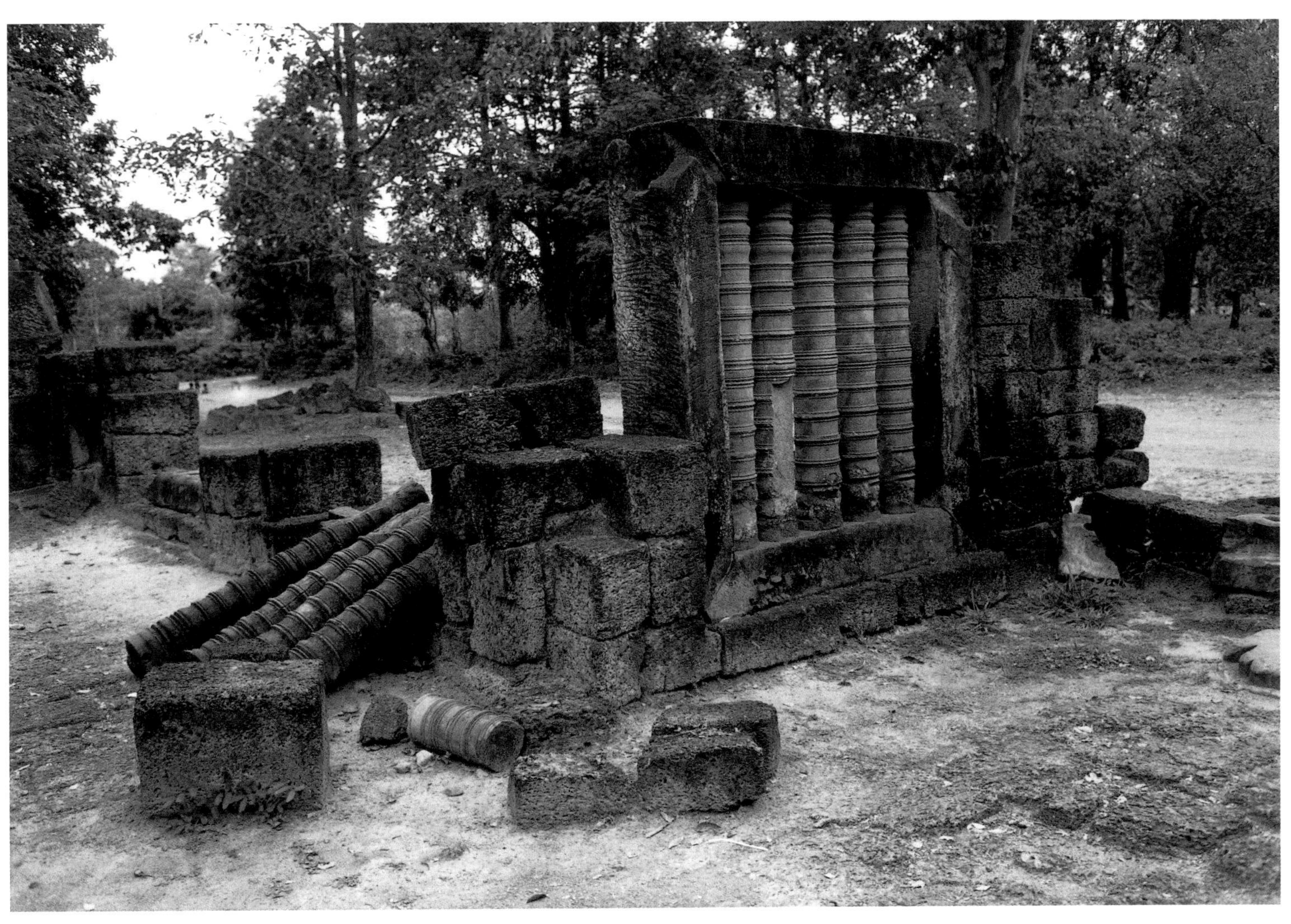

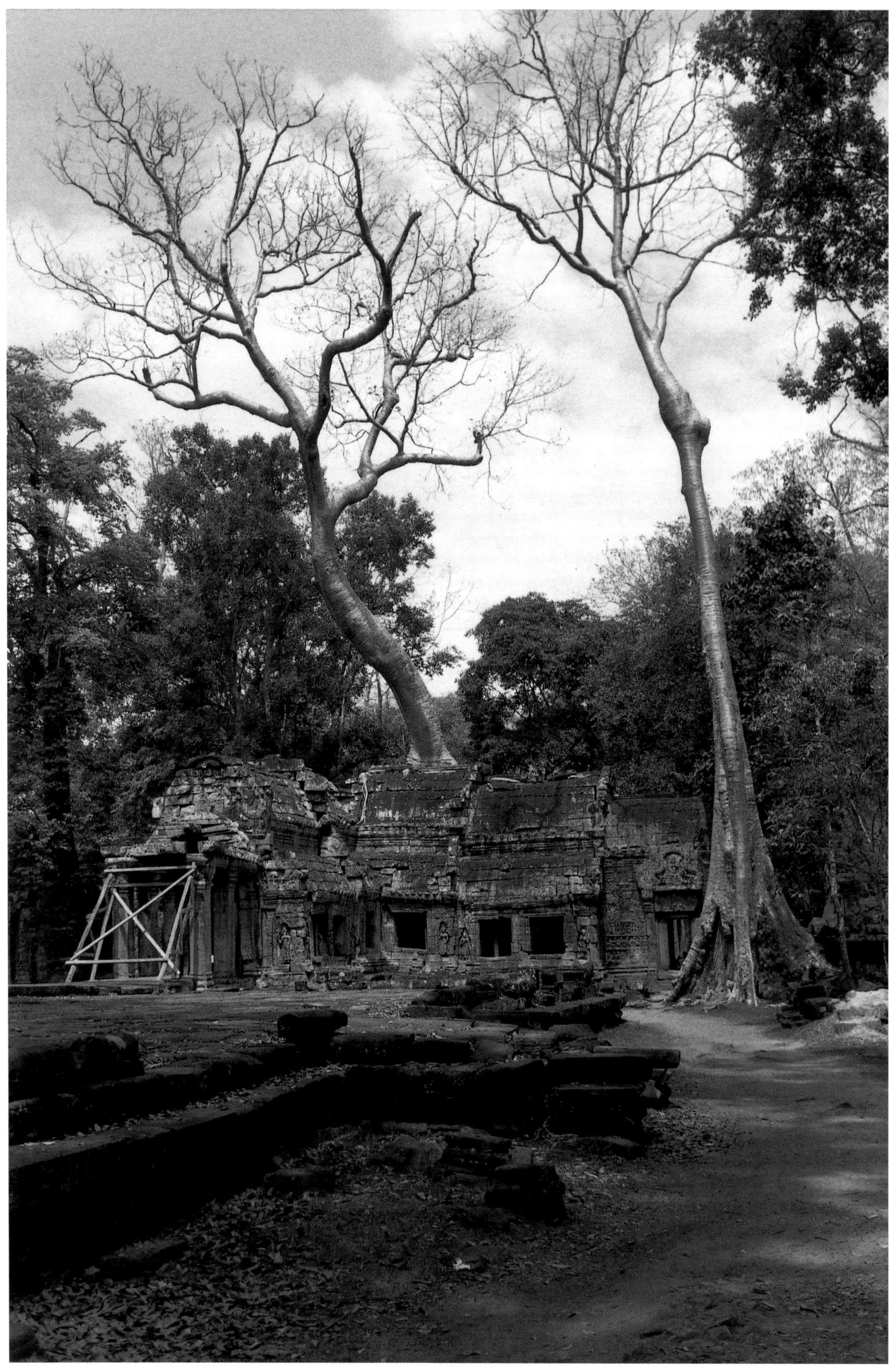

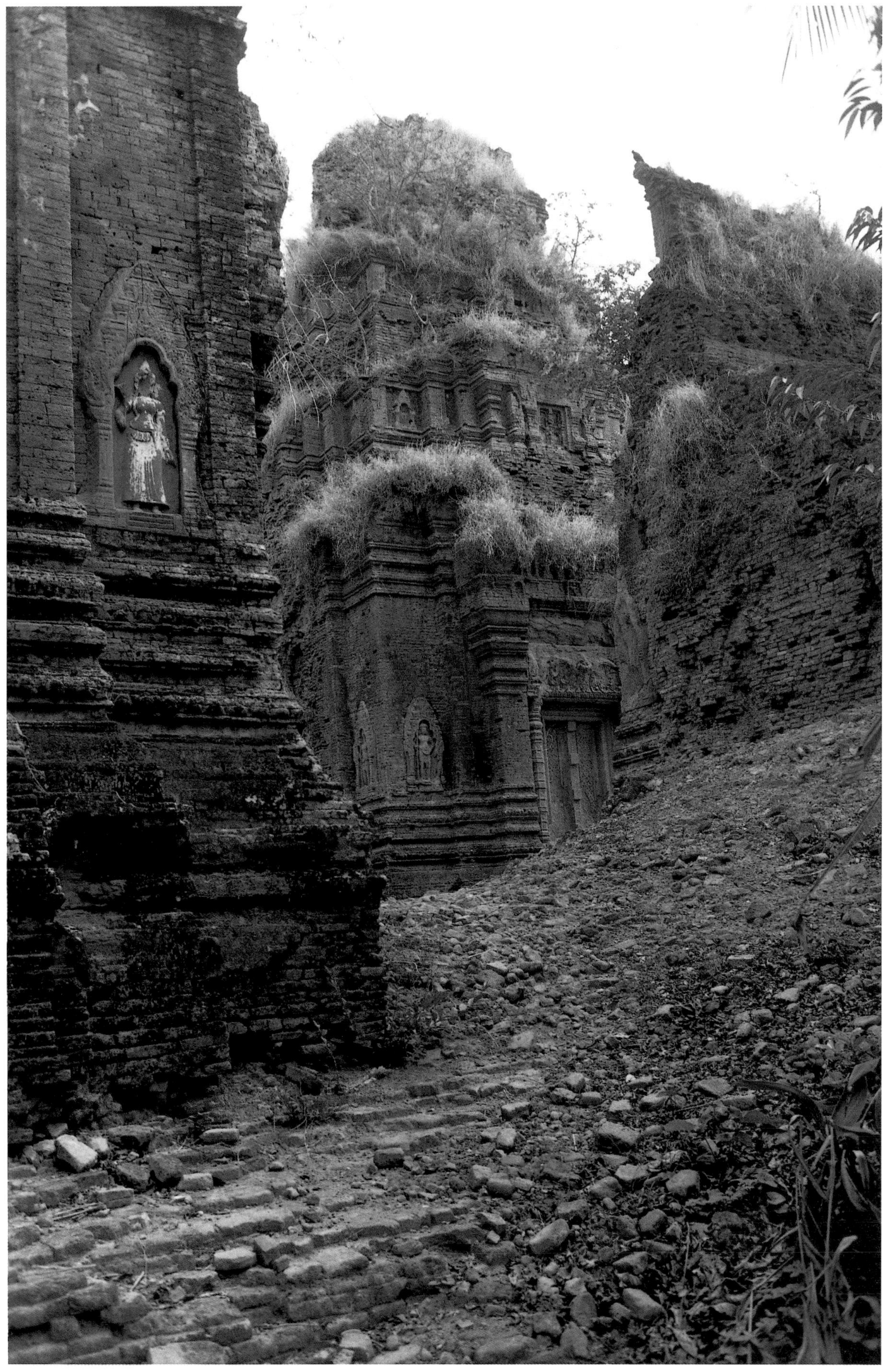

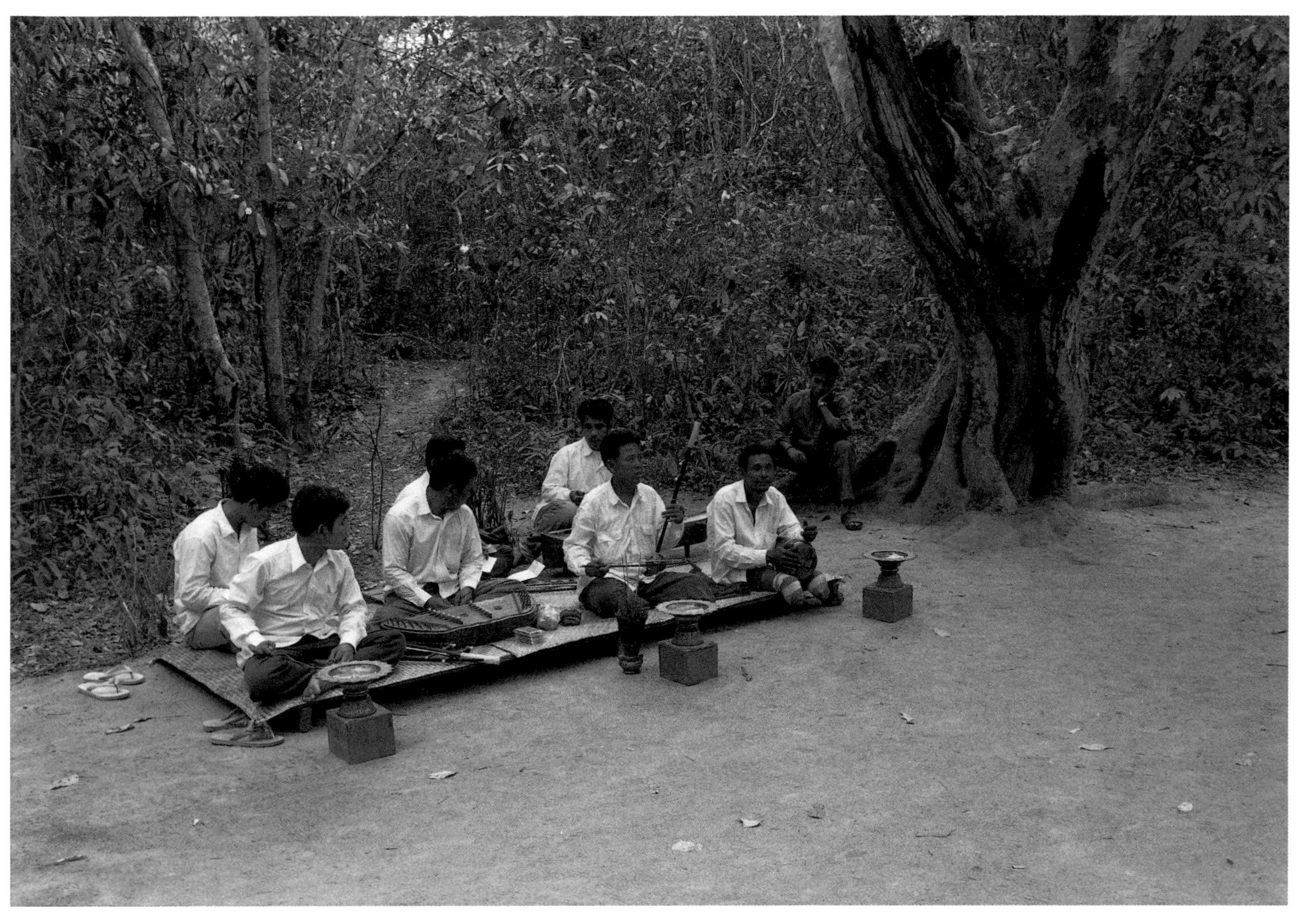

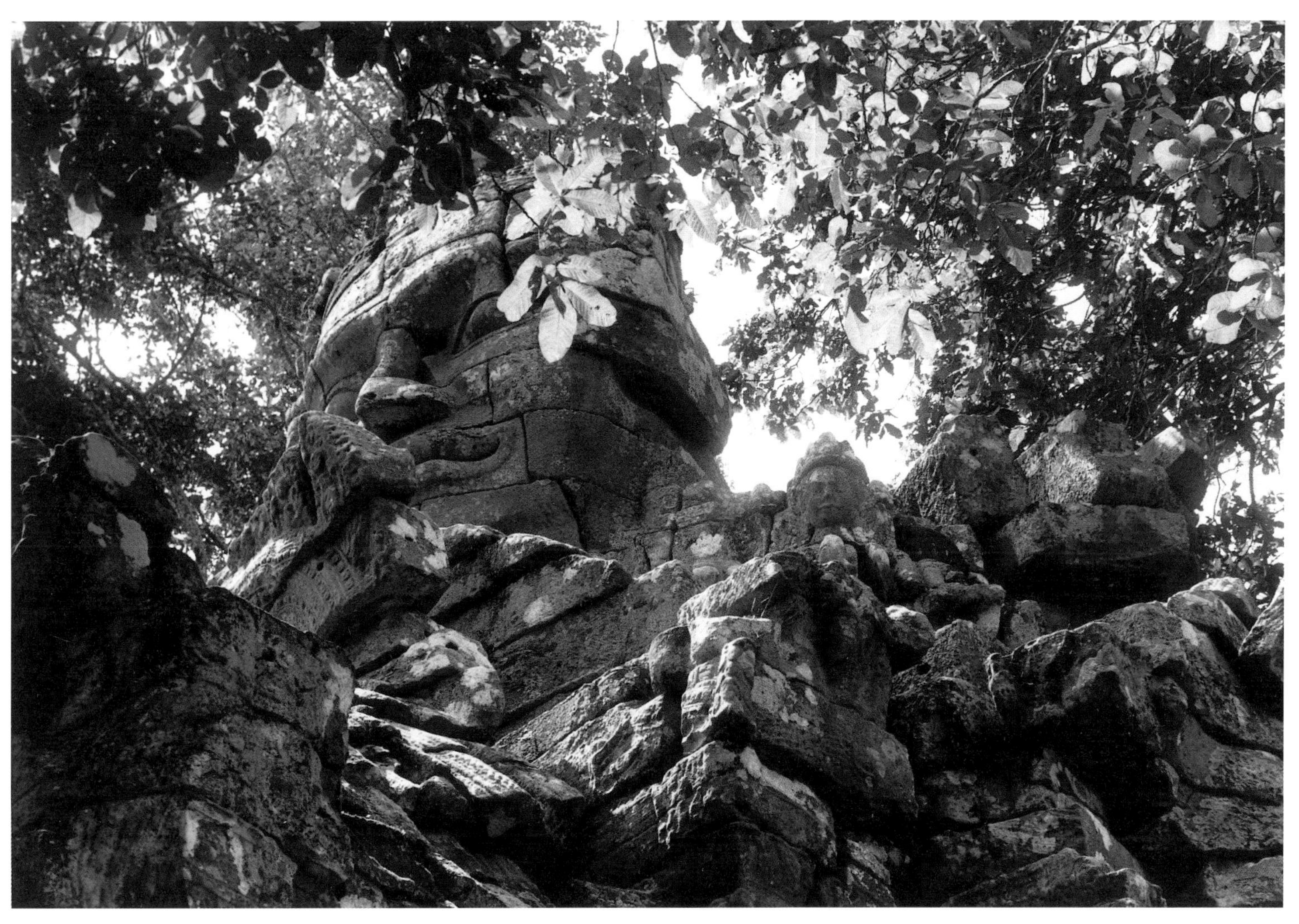

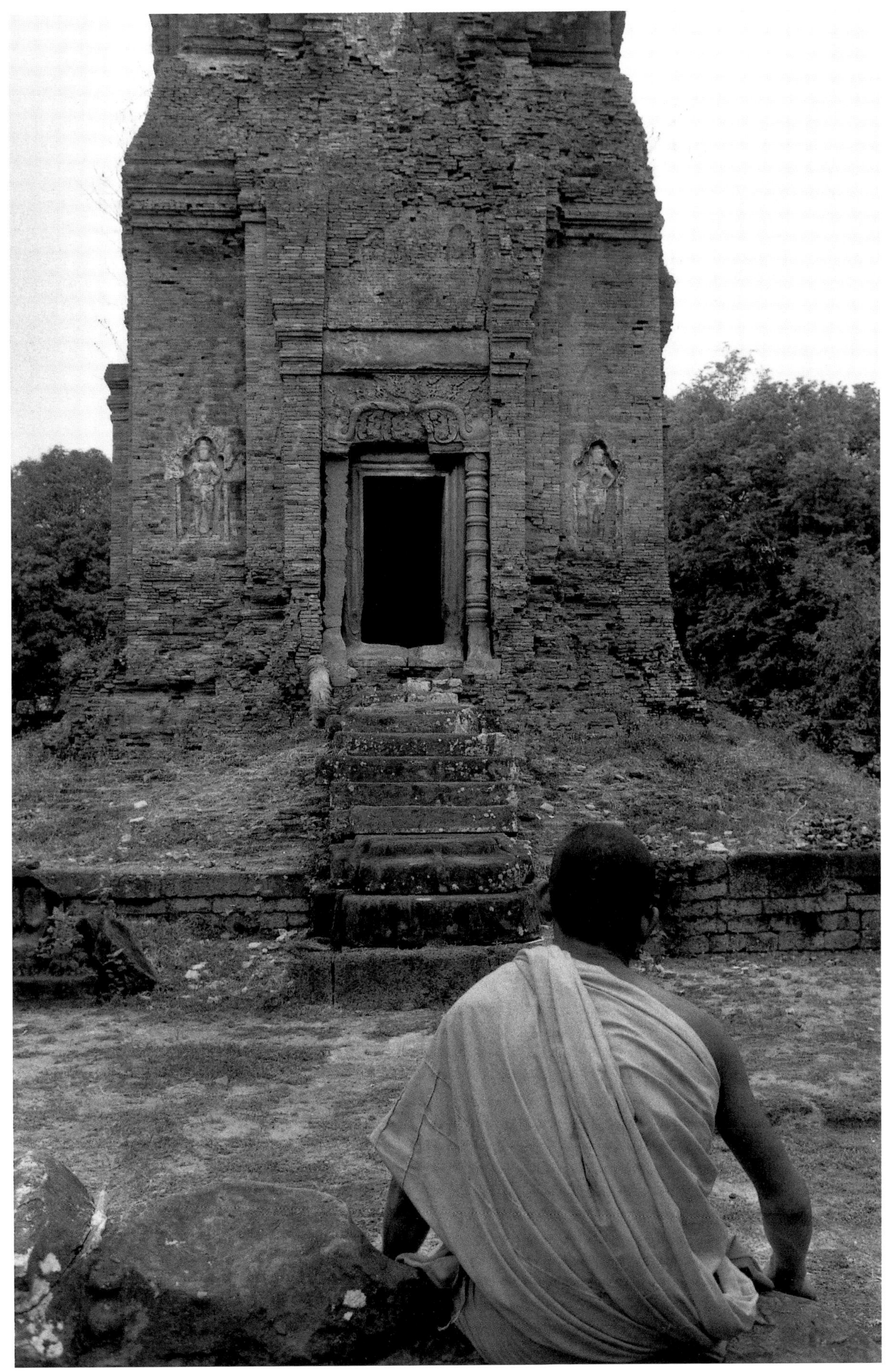

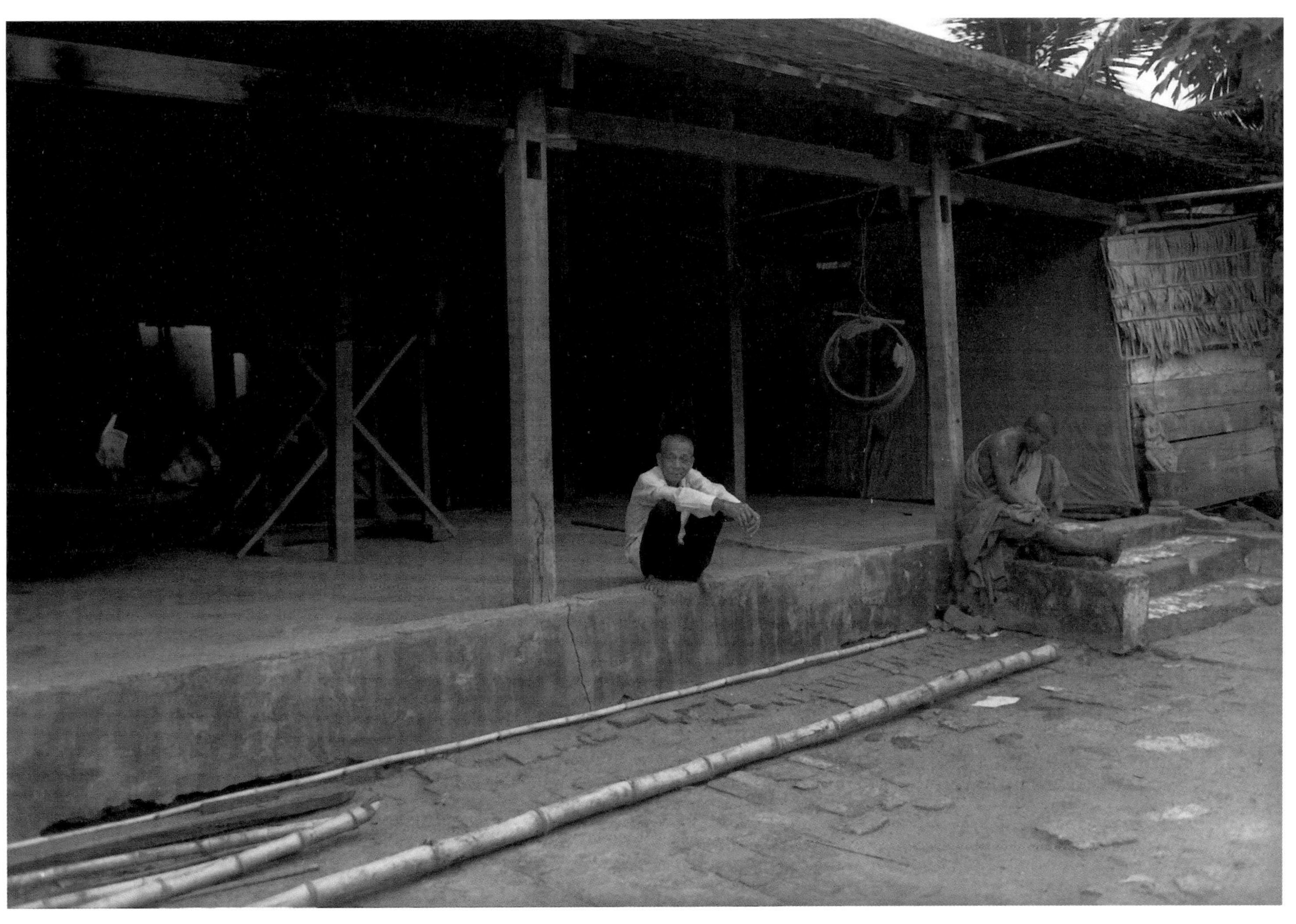

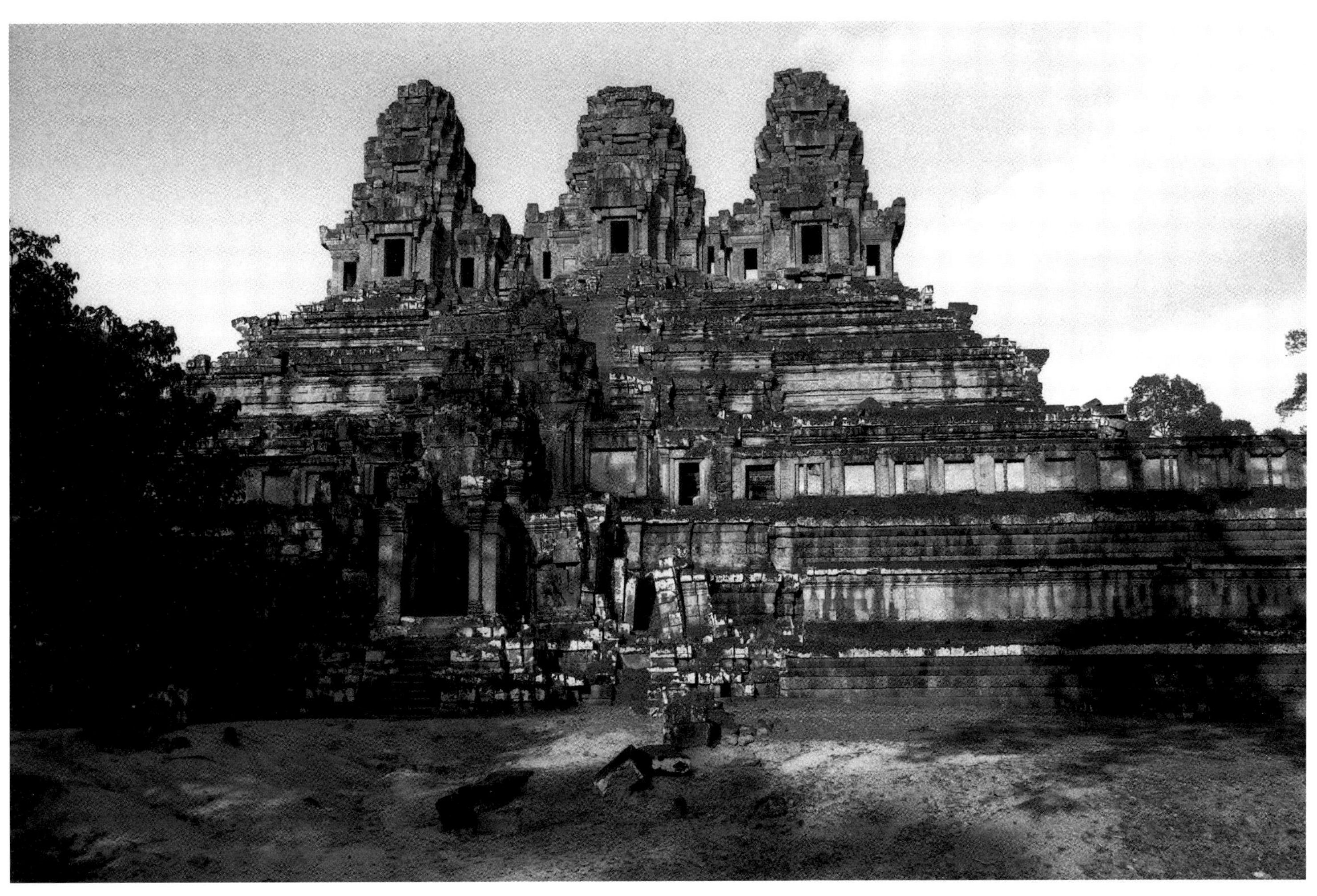

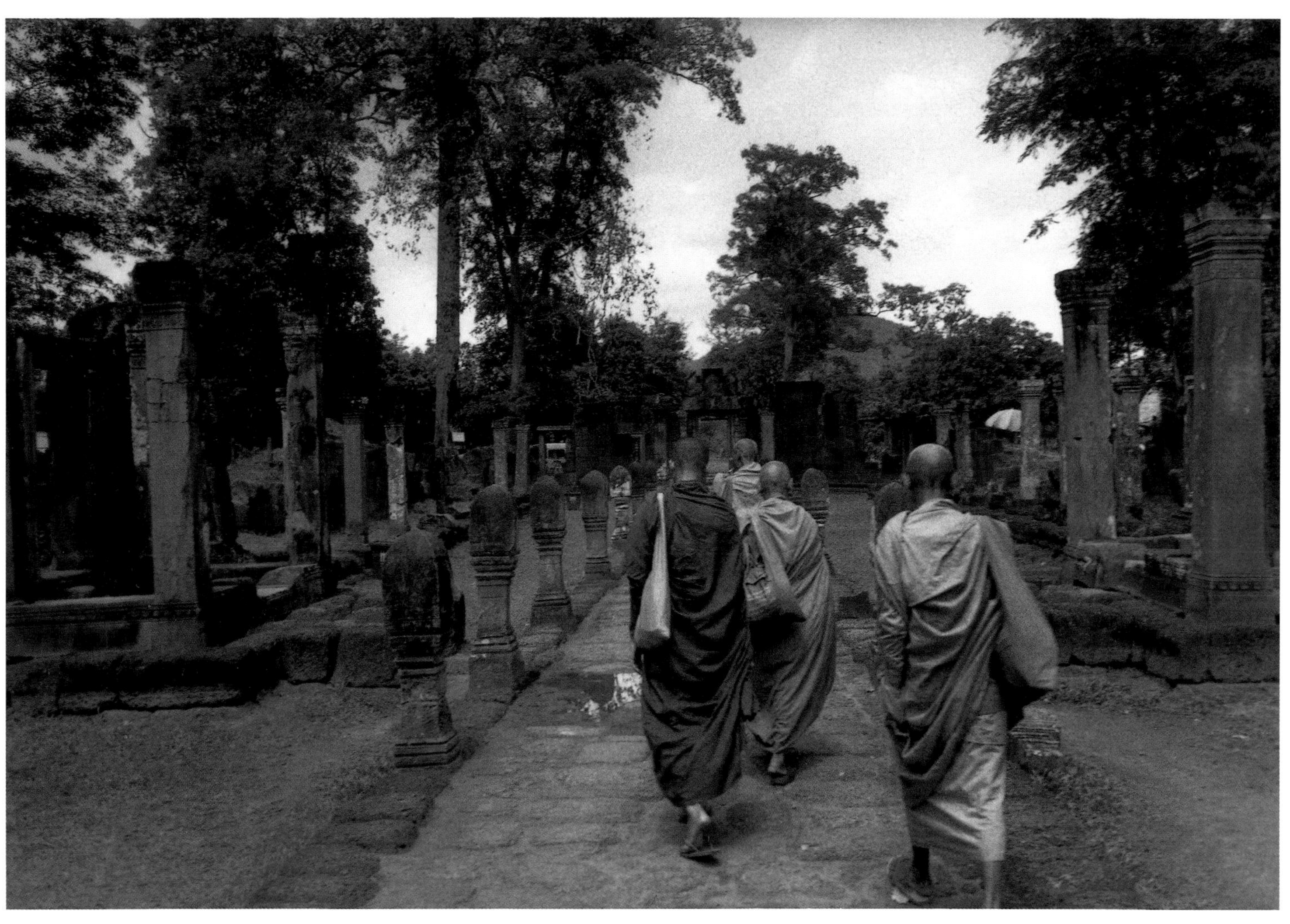

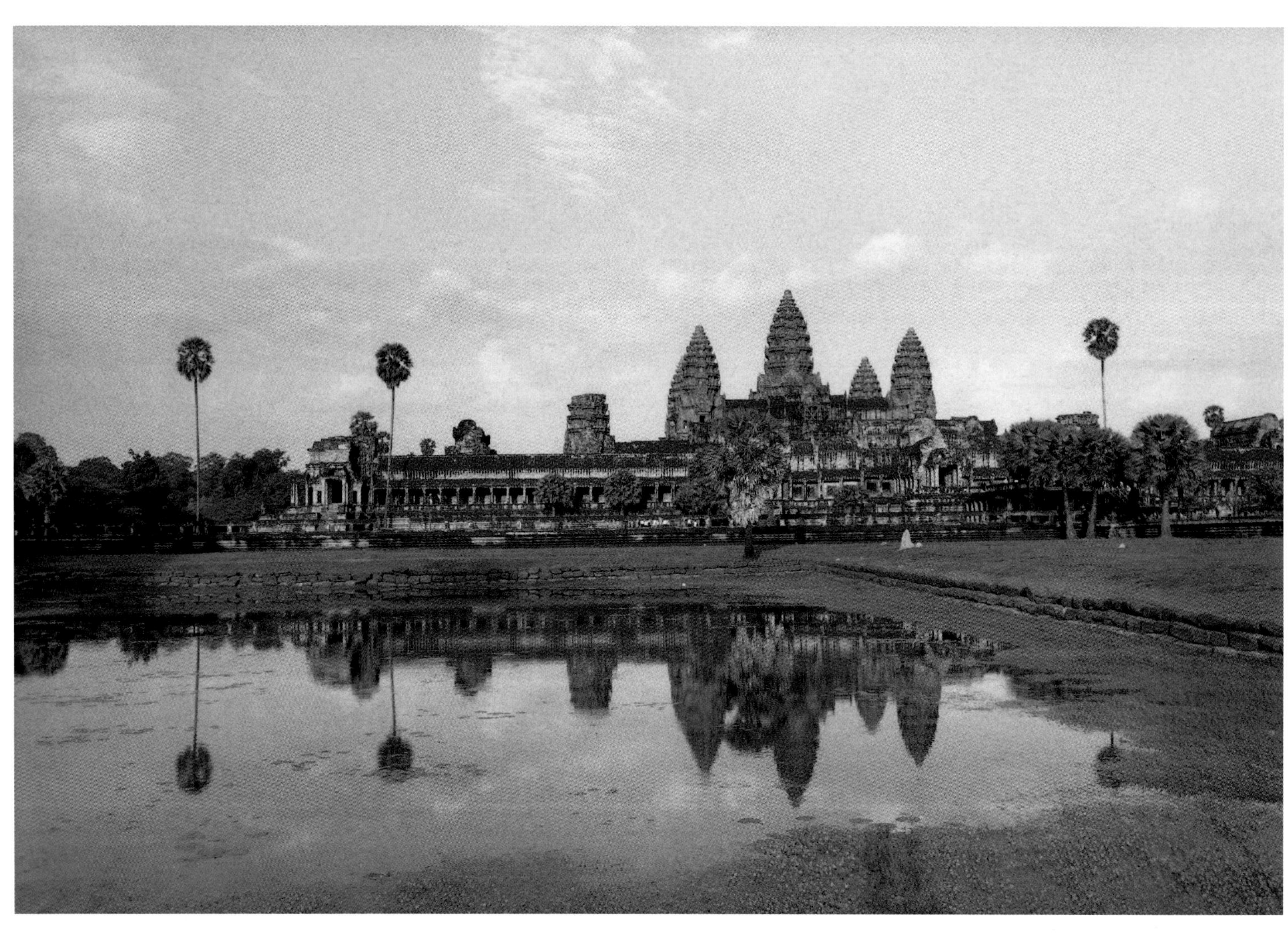

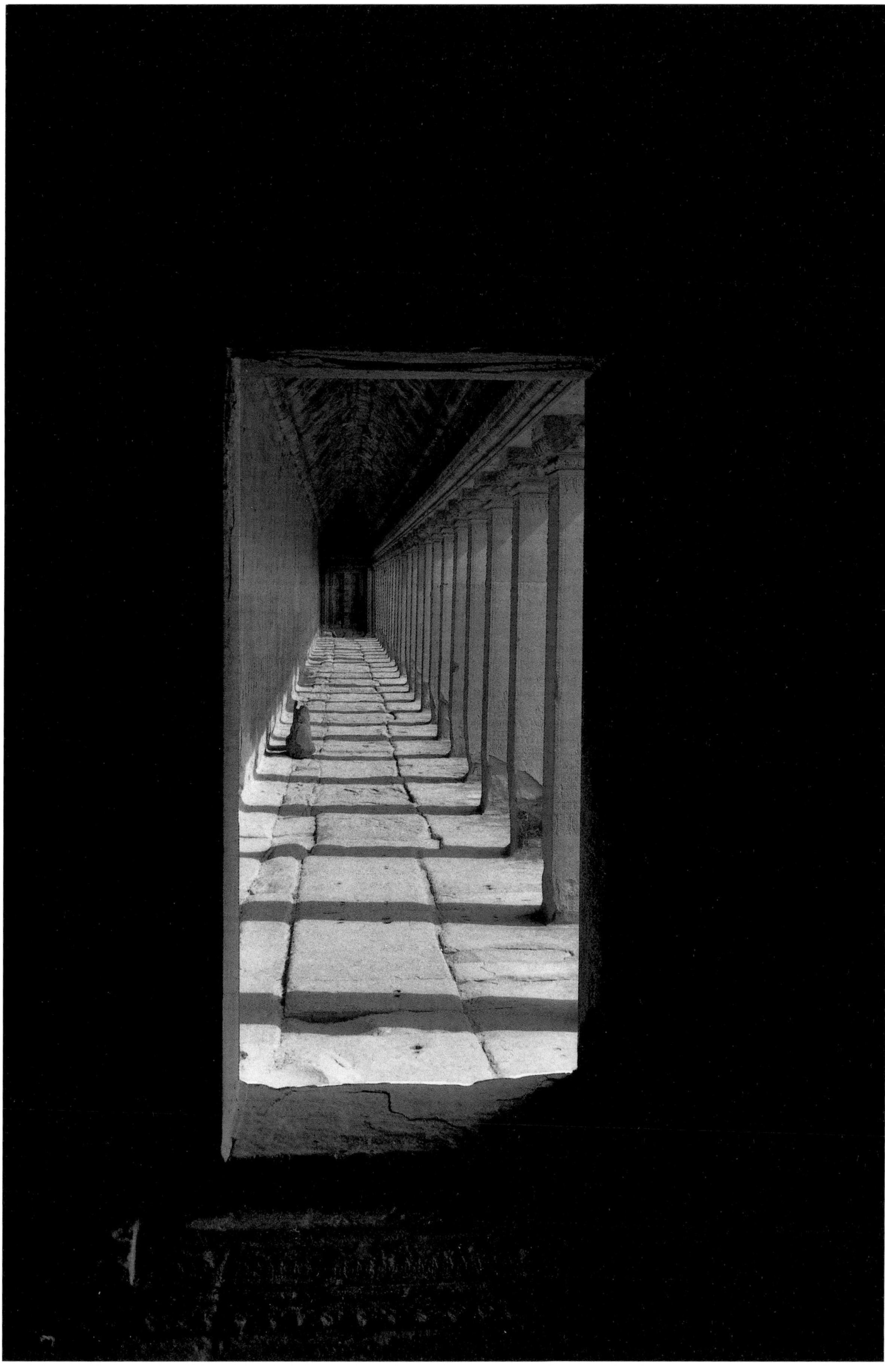

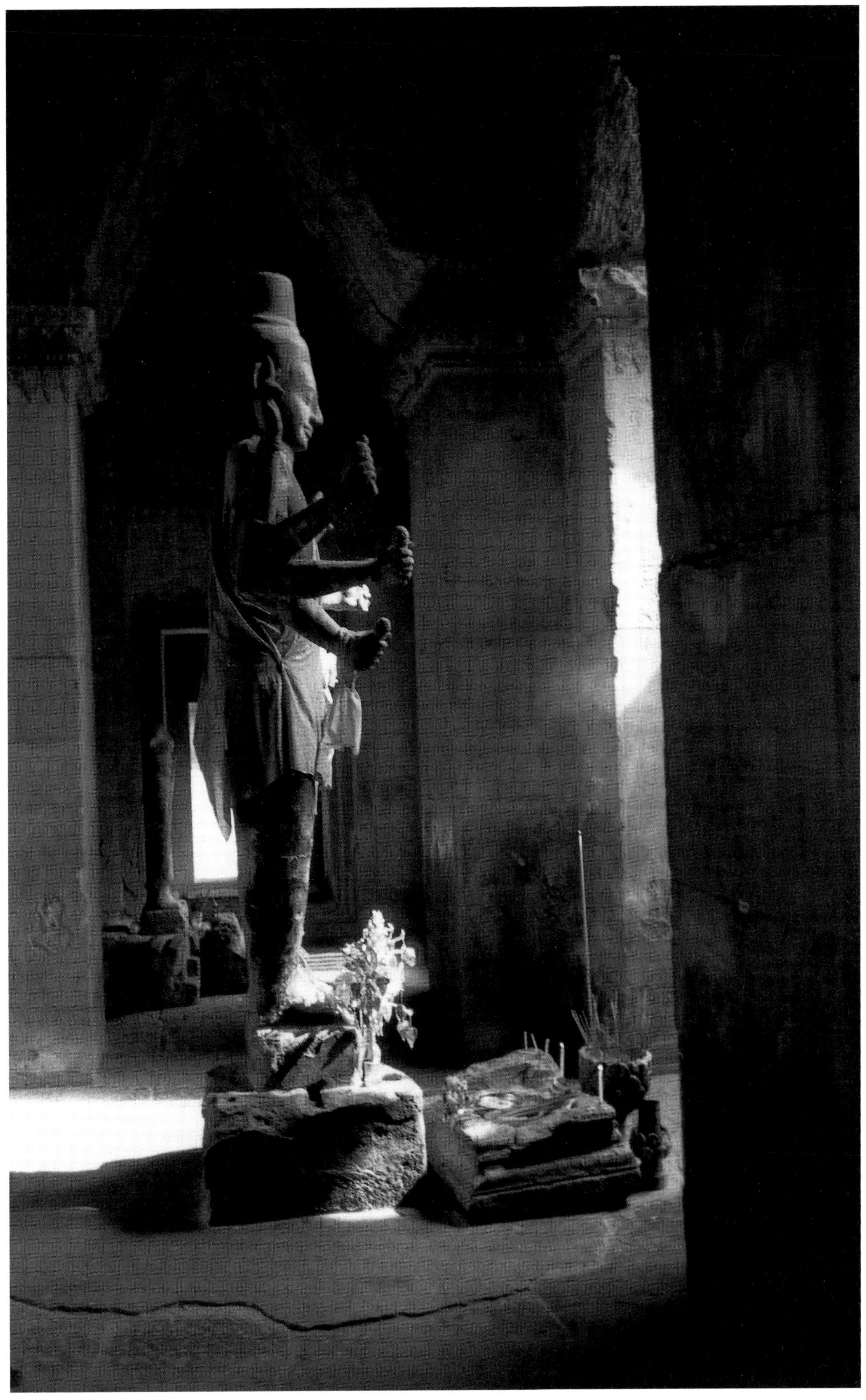

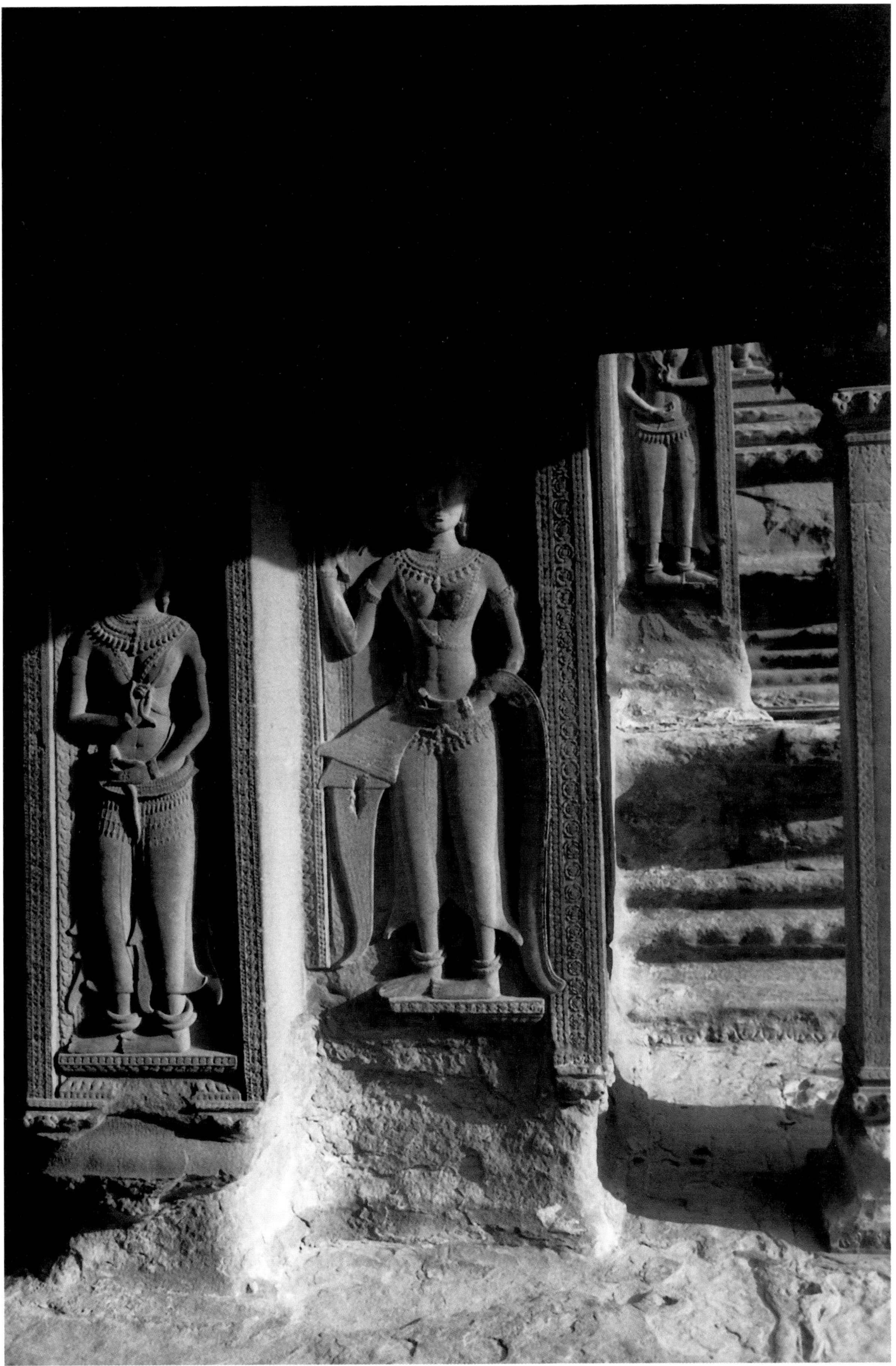

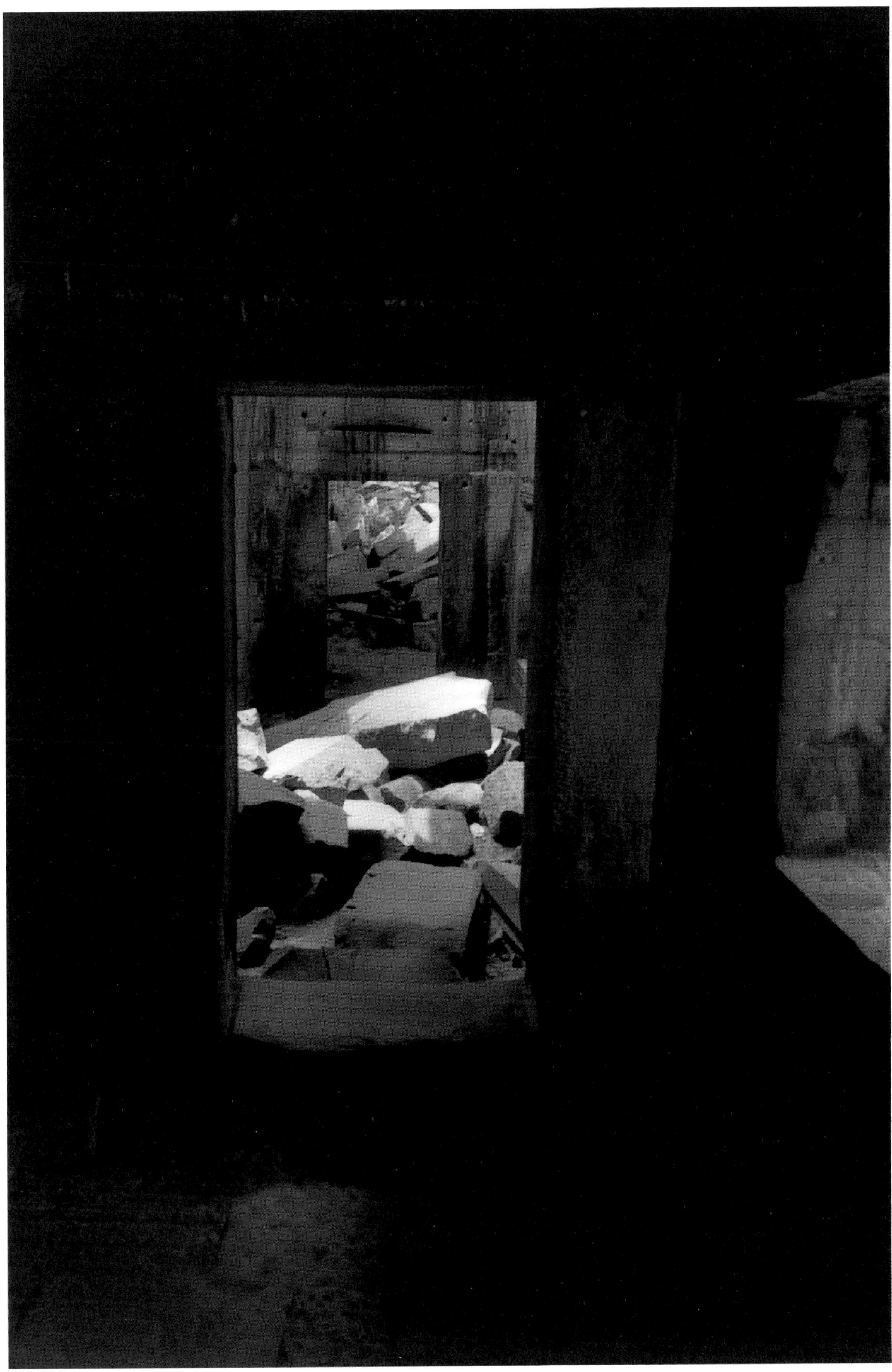

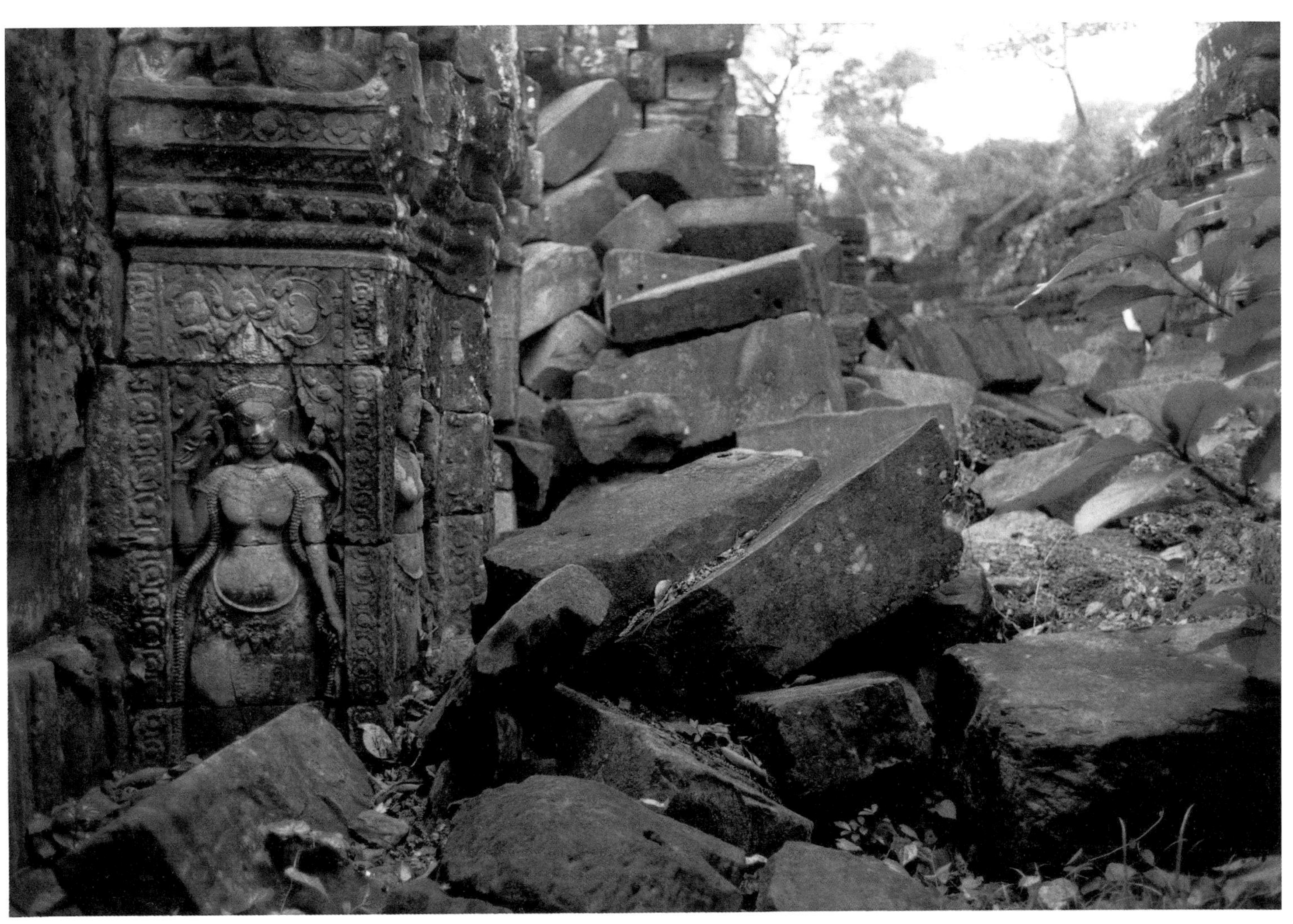

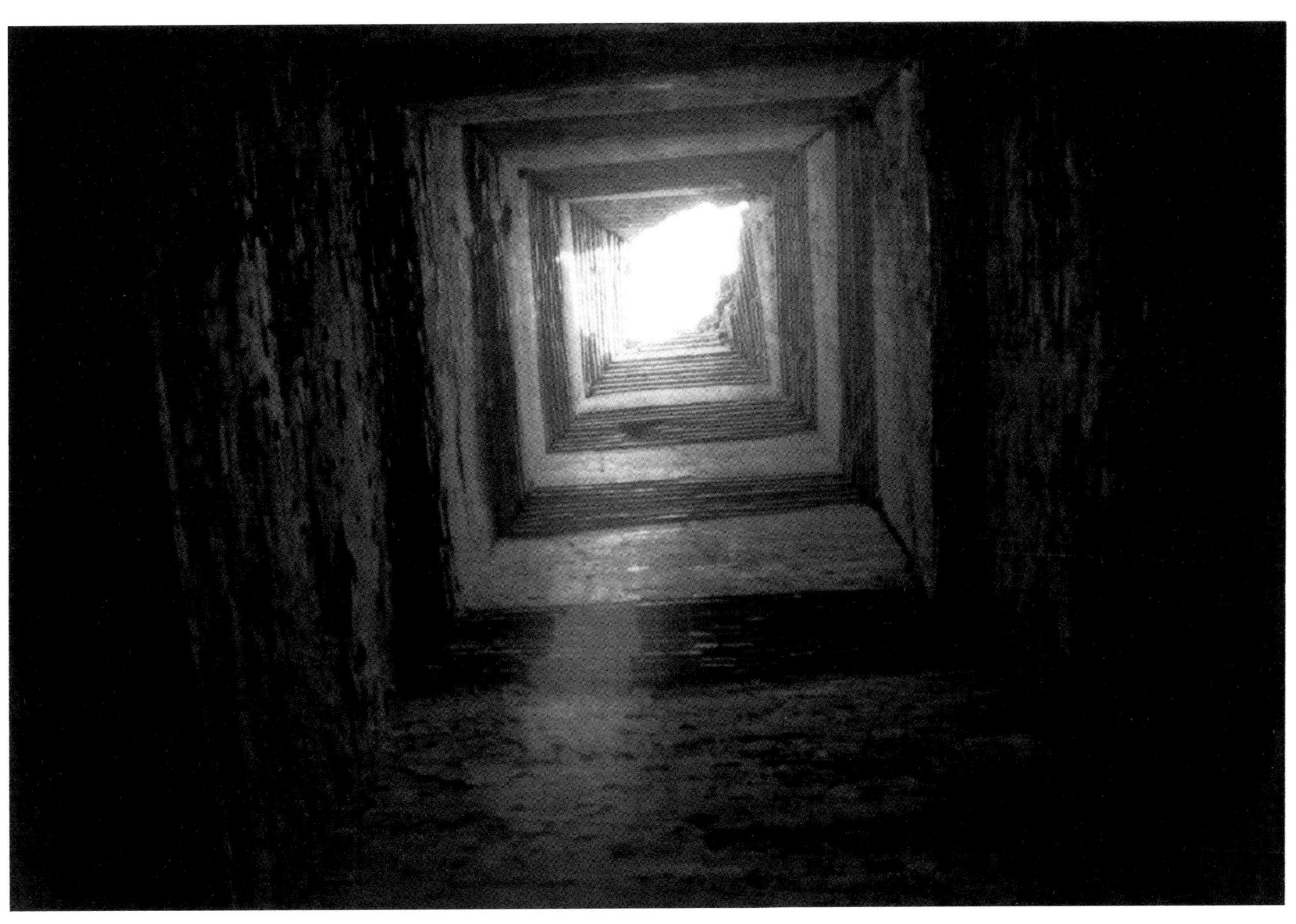

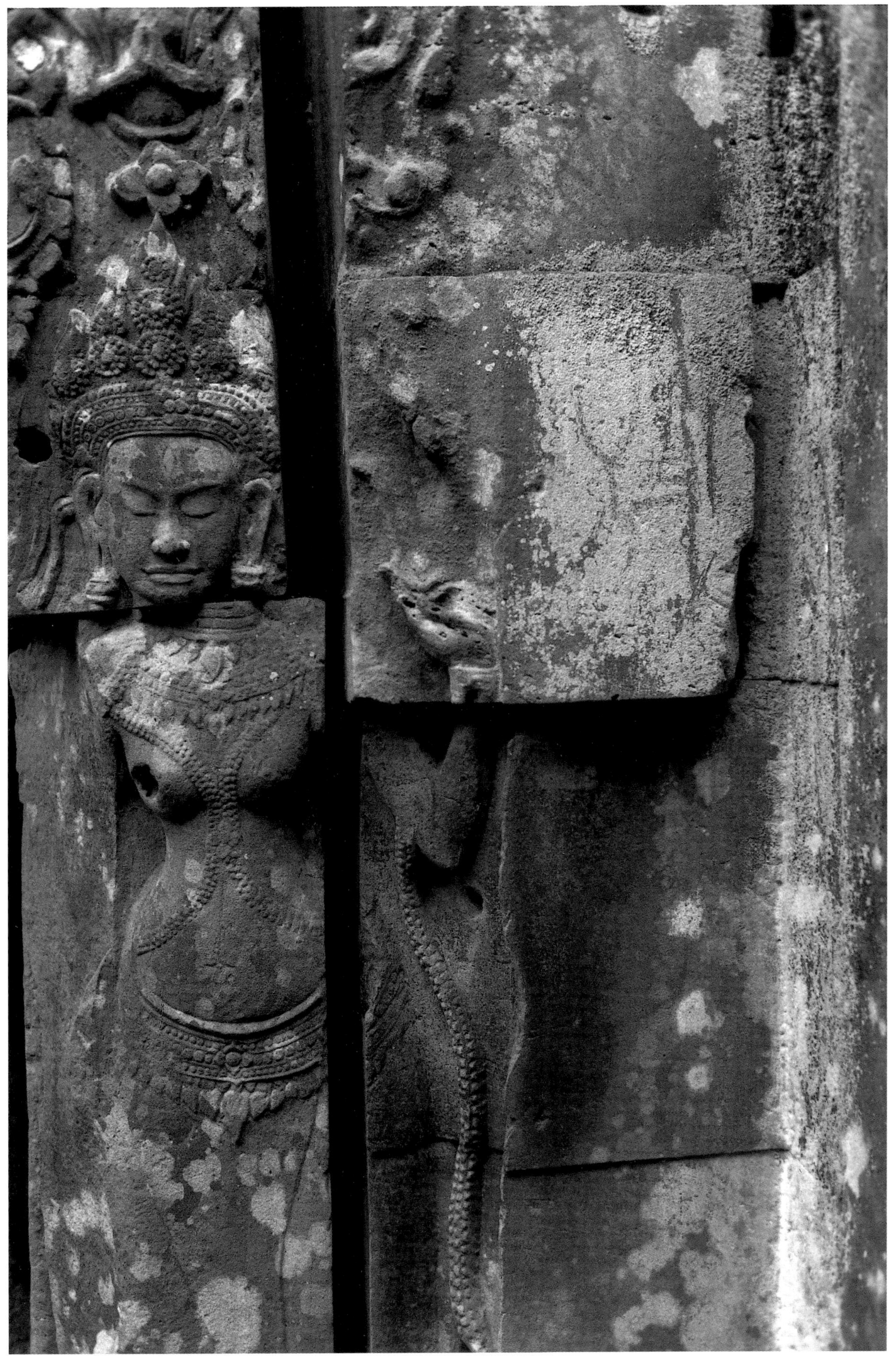

Apparati
Appendix

Le fotografie sono state effettuate con una Leica M5 utilizzando le ottiche 28mm (Elmarit 1:2.8), 35mm (Summicron 1:2) e 50mm (Summilux 1:1.4).
Ho adoperato pellicole b/n Ilford FP4 e Ilford HP5, sviluppate al nominale. La stampa manuale in bianco e nero è stata realizzata su carta Ilford a tono caldo.

The photographs were taken with a Leica M5, using 28mm (Elmarit 1:2.8), 35mm (Summicron 1:2), and 50mm (Summilux 1:1.4) lenses. I used Ilford FP4 and Ilford HP5 b/w films, developed normally.
The printing was done by hand in b/w on Ilford warm-tone paper.

Ta Prohm, "Il monastero reale" (XII secolo d.C.), meglio conosciuto come "il tempio della giungla". Gli archeologi dell'École Française d'Extrême-Orient lo hanno lasciato nelle stesse condizioni in cui fu scoperto nella seconda metà del XIX secolo, avvolto dalle radici degli alberi di *Ficus religiosa* e *Ceiba pentandra*. Angkor, Cambogia, 2002. / Ta Prohm, "the royal monastery" (12th century A.D.), better known as "the jungle temple." The archeologists of the École Française d'Extrême-Orient left it in the same condition in which it was discovered in the second half of the nineteenth century, enveloped by the roots of *Ficus religiosa* and *Ceiba pentandra* trees. Angkor, Cambodia, 2002.
p. 17

Ta Prohm, "il tempio della giungla". Le radici di *Ficus religiosa* inghiottono gli edifici sacri. Angkor, Cambogia, 2002. / Ta Prohm, "the jungle temple." *Ficus religiosa* roots entangling the sacred buildings. Angkor, Cambodia, 2002.
p. 19

Ta Prohm, "il tempio della giungla". Le radici degli alberi inghiottono gli edifici sacri. Angkor, Cambogia, 2002. / Ta Prohm, "the jungle temple." Tree roots entangling the sacred buildings. Angkor, Cambodia, 2002.
p. 21

Preah Khan, "il tempio della sacra spada" (XII secolo d.C.): *dvarapala*, guardiani protettori raffigurati alle porte d'ingresso dei santuari. Angkor, Cambogia, 2002. / Preah Khan, "the temple of the sacred sword" (12th century A.D.): *dvarapala*, protective guardians portrayed at the entrances to shrines. Angkor, Cambodia, 2002.
p. 23

Ta Prohm, "il tempio della giungla". Angkor, Cambogia, 2002. / Ta Prohm, "the jungle temple." Angkor, Cambodia, 2002.
p. 24

Preah Khan, "il tempio della sacra spada". Angkor, Cambogia, 2002. / Preah Khan, "the temple of the sacred sword." Angkor, Cambodia, 2002.
p. 25

Banteay Srei. Angkor, Cambogia, 2002. / Banteay Srei. Angkor, Cambodia, 2002.
p. 27

Ta Prohm, "il tempio della giungla". Angkor, Cambogia, 2002. / Ta Prohm, "the jungle temple." Angkor, Cambodia, 2002.
p. 28

Ta Prohm, "il tempio della giungla". Angkor, Cambogia, 2002. / Ta Prohm, "the jungle temple." Angkor, Cambodia, 2002.
p. 29

Preah Khan. Angkor, Cambogia, 2002. / Preah Khan. Angkor, Cambodia, 2002.
p. 31

Ta Prohm. Angkor, Cambogia, 2002. / Ta Prohm. Angkor, Cambodia, 2002.
p. 33

Preah Khan. Angkor, Cambogia, 2002. / Preah Khan. Angkor, Cambodia, 2002.
p. 35

Banteay Srei (X secolo d.C.), monaco buddista. Angkor, Cambogia, 2002. / Banteay Srei (10th century A.D.), Buddhist monk. Angkor, Cambodia, 2002.
p. 37

Porta monumentale di accesso ad Angkor Thom ("la Grande Capitale"), con rappresentazione, ai quattro lati della parte superiore, del volto del *bodhisattva* Lokeshvara nel quale si identificava il sovrano khmer Jayavarman VII che fece erigere Angkor Thom verso la fine del XII secolo d.C. Angkor, Cambogia, 2002. / Monumental gateway at the entrance to Angkor Thom ("The Great Capital"), with the face of the *bodhisattva* Lokeshvara portrayed on all four sides of the upper part. The image was identified with that of Khmer King Jayavarman VII, who caused Angkor Thom to be built towards the end of the twelfth century A.D. Angkor, Cambodia, 2002.
p. 39

Angkor Thom, tempio-montagna del Bayon (XII secolo d.C.). Angkor, Cambogia, 2002. / Angkor Thom, the temple mountain of Bayon (12th century A.D.). Angkor, Cambodia, 2002.
p. 40

Bayon. Torri raffiguranti ai quattro lati il volto del *bodhisattva* della compassione Lokeshvara. La funzione di protezione conduce all'identificazione del *bodhisattva* con il sovrano Jayavarman VII, che fece erigere il Bayon verso la fine del XII secolo. Sulla sinistra raffigurazione di *devata*, divinità femminile. Angkor, Cambogia, 2002. / Bayon. Towers with the face of the *bodhisattva* of compassion, Lokeshvara, portrayed on all four sides. The function of protection has led to the *bodhisattva* being identified with King Jayavarman VII, who caused Bayon to be built towards the end of the twelfth century. On the left, a representation of a *devata*, a female deity. Angkor, Cambodia, 2002.
p. 41

Tempio buddista del Bayon. Angkor, Cambogia, 2002. / Buddhist temple of Bayon. Angkor, Cambodia, 2002.
p. 43

Bayon, torri raffiguranti ai quattro lati il volto del dio-re (Lokeshvara-Jayavarman VII). Angkor, Cambogia, 2002. / Bayon, towers with the face of the god-king (Lokeshvara–Jayavarman VII) portrayed on all four sides. Angkor, Cambodia, 2002.
p. 45

Bayon, monaca buddista. Angkor, Cambogia, 2002. / Bayon, Buddhist nun. Angkor, Cambodia, 2002.
p. 47

Bayon. Angkor, Cambogia, 2002. / Bayon. Angkor, Cambodia, 2002.
p. 49

Bayon, particolare del volto del dio-re, dal sorriso arcano ed enigmatico. Angkor, Cambogia, 2002. / Bayon,

detail of the god-king's face, with a mysterious, enigmatic smile. Angkor, Cambodia, 2002.
p. 51

Bayon, torri raffiguranti ai quattro lati il volto del dio-re. Angkor, Cambogia, 2002. / Bayon, towers with the god-king's face carved on all four sides. Angkor, Cambodia, 2002.
p. 53

Angkor Thom, porta meridionale. Particolare degli antidei (*asura*). Sono raffigurati nell'atto di tirare la testa del serpente sacro Vasuki per ottenere, attraverso lo scuotimento dell'oceano di latte, il nettare dell'immortalità (*amrita*). Angkor, Cambogia, 2002. / Angkor Thom, south gateway. Detail of demons (*asura*). They are portrayed in the act of pulling the head of the sacred snake Vasuki to obtain the nectar of immortality (*amrita*) by churning the ocean of milk. Angkor, Cambodia, 2002.
p. 55

Preah Khan, architrave con fregio raffigurante le danzatrici celesti (*apsaras*). Angkor, Cambogia, 2002. / Preah Khan, lintel with frieze portraying the heavenly dancers (*apsaras*). Angkor, Cambodia, 2002.
p. 57

Mebon orientale (X secolo d.C.), statue di leoni a guardia della scalinata. Angkor, Cambogia, 2002. / West Mebon (10th century A.D.), lion statues guarding the steps. Angkor, Cambodia, 2002.
p. 59

Preah Khan. Angkor, Cambogia, 2002. / Preah Khan. Angkor, Cambodia, 2002.
p. 61

Mebon orientale. Angkor, Cambogia, 2002. / West Mebon. Angkor, Cambodia, 2002.
p. 63

Angkor Thom, conduttore d'elefanti. Angkor, Cambogia, 2002. / Angkor Thom, elephant driver. Angkor, Cambodia, 2002.
p. 65

Preah Ko, "il tempio del sacro toro" (IX secolo d. C.). Finestra in arenaria con colonnette a tutto tondo. Angkor, Cambogia, 2002. / Preah Ko, "the temple of the sacred bull" (9th century A.D.). Sandstone window with colonnettes. Angkor, Cambodia, 2002.
p. 67

Ta Prohm. Angkor, Cambogia, 2002. / Ta Prohm. Angkor, Cambodia, 2002.
p. 68

Lolei, tempio in mattoni edificato alla fine del IX secolo. Angkor, Cambogia, 2002. / Lolei, brick temple built at the end of the ninth century. Angkor, Cambodia, 2002.
p. 69

Orchestrina nei pressi del Ta Prohm. I suonatori raffigurati a destra sono mutilati. La Cambogia è il paese con il maggior numero al mondo di vittime legate allo scoppio delle mine. Circa 40.000 persone sono rimaste mutilate fino ad oggi. Angkor, Cambogia, 2002. / Band near Ta Prohm. The musicians on the right are disabled. Cambodia is the country with the largest number of victims injured by landmines. About 40,000 people have become disabled so far. Angkor, Cambodia, 2002.
p. 71

Ta Prohm, statua con il volto del dio-re. Angkor, Cambogia, 2002. / Ta Prohm, statue with the face of the god-king. Angkor, Cambodia, 2002.
p. 73

Tempio-montagna del Bakong (IX secolo d.C.), *prasat* (torre-santuario) in mattoni con nicchie all'ingresso raffiguranti *dvarapala*, i guardiani protettori. Angkor, Cambogia, 2002. / Temple mountain of Bakong (9th century A.D.), brick *prasat* (tower shrine) with niches at the entrance portraying *dvarapala*, protective guardians. Angkor, Cambodia, 2002.
p. 75

Alloggio di monaci buddisti nei pressi del Bakong. Angkor, Cambogia, 2002. / Buddhist monks' dwelling near Bakong. Angkor, Cambodia, 2002.
p. 77

Ta Keo, "tempio montagna" in arenaria (X-XI secolo d.C.). Angkor, Cambogia, 2002. / Ta Keo, sandstone "temple mountain" (10th–11th centuries A.D.). Angkor, Cambodia, 2002.
p. 79

Banteay Srei, monaci buddisti. Angkor, Cambogia, 2002. / Banteay Srei, Buddhist monks. Angkor, Cambodia, 2002.
p. 81

Angkor Vat, il tempio più celebre di Angkor, costruito da Suryavarman II nel XII secolo d.C. e dedicato alla divinità induista Vishnu. La torre santuario (*prasat*) centrale rappresenta il monte Meru, posto, secondo la cosmologia induista e buddista, al centro dell'universo. Nel XIII secolo l'imperatore khmer Jayavarman VII rese il Buddismo religione ufficiale e trasformò Angkor in un monastero buddista (*Vat*). Angkor, Cambogia, 2002. / Angkor Wat, the most famous temple at Angkor, built by Suryavarman II in the twelfth century A.D. and dedicated to the Hindu god Vishnu. The central tower shrine (*prasat*) represents Mount Meru, located at the center of the universe, according to Hindu and Buddhist cosmology. In the thirteenth century, the Khmer emperor Jayavarman VII made Buddhism the official religion and converted Angkor into a Buddhist monastery (*Wat*). Angkor, Cambodia, 2002.
p. 82

Angkor Vat, galleria. Angkor, Cambogia, 2002. / Angkor Vat, gallery. Angkor, Cambodia, 2002.
p. 83

Angkor Vat. Statua di Vishnu, il conservatore dell'universo, con i suoi quattro simboli: la conchiglia, il disco, il bastone scettro e la palla di terra che rappresenta il mondo. La statua è stata successivamente trasformata nella rappresentazione del *bodhisattva* della compassione Lokeshvara. Angkor, Cambogia, 2002. / Angkor Wat. Statue of Vishnu, the preserver of the universe, with his four symbols: the conch shell, the discus, the mace, and the ball of earth that represents the world. The statue has subsequently been transformed into a representation of the *bodhisattva* of compassion, Lokeshvara. Angkor, Cambodia, 2002.
p. 85

Angkor Vat, bassorilievo raffigurante le *devata*, divinità femminili. Angkor, Cambogia, 2002. / Angkor Wat, bas-relief depicting *devata*, female deities. Angkor, Cambodia, 2002.
p. 87

Gallerie crollate, Ta Prohm. Angkor, Cambogia, 2002. / Ruined galleries, Ta Prohm. Angkor, Cambodia, 2002.
p. 89

Preah Khan, *devata* (divinità femminile). Angkor, Cambogia, 2002. / Preah Khan, *devata* (female deity). Angkor, Cambodia, 2002.
p. 91

Mebon orientale, volta di un *prasat* (torre-santuario). Angkor, Cambogia, 2002. / West Mebon, vault of a *prasat* (tower shrine). Angkor, Cambodia, 2002.
p. 93

Preah Khan, *devata* (divinità femminile). Angkor, Cambogia, 2002. / Preah Khan, *devata* (female deity). Angkor, Cambodia, 2002.
p. 95

Giuseppe Ripa, nato nel 1962 a Ragusa in Sicilia, frequenta il Liceo Classico di Rovereto (Trento) e si laurea in Economia e Commercio presso l'Università Bocconi di Milano.
Viaggiatore e fotografo, inizia a fotografare a metà degli anni Ottanta dedicandosi a reportage di viaggio, in bianco e nero e a colore, riguardanti l'Europa, l'Africa (in particolare l'area Sahariana) e l'Asia.
I suoi lavori si caratterizzano per una non comune capacità espressiva, per rigore formale e spiccato senso compositivo, e per una profonda valenza evocativa di temi quali la memoria, l'identità e il destino dell'uomo.
Nel novembre 1999 realizza la sua prima mostra fotografica, in bianco e nero, dal titolo *Yemen, viaggio nel tempo*, presso Images on the road del Multistore Giovenzana di Milano, curata da Lanfranco Colombo. Il reportage ricorda una società per molti versi ferma al "medioevo islamico" e destinata inesorabilmente a trasformarsi e a scomparire.
Nei mesi di maggio e giugno 2003 espone un reportage, *Il sorriso del Buddha*, sulle antiche capitali reali del Laos, Luang Prabang e Vientiane, presso la galleria Agfa di Milano. All'esotismo affascinante e mai oleografico, naïf e sognante delle immagini a colori, l'autore contrappone un rigoroso ed essenziale bianco e nero, per meglio recuperare la memoria e la sacralità dei luoghi.
Nel giugno del 2003 la ricerca fotografica in bianco e nero, *Memorie di pietra* riguardante le rovine di Angkor, intese come metafora della memoria collettiva e interiore dell'uomo, è in mostra presso lo spazio espositivo della Feltrinelli di Piazza Piemonte a Milano. Il lavoro è recensito dal critico fotografico Roberto Mutti.
Nell'ottobre 2003 a Rovereto espone due lavori, *Memorie di pietra* e *Anima Mundi*, presso le sale dell'Auditorium Fausto Melotti del MART (Museo di Arte Moderna di Trento e Rovereto) nell'ambito della Rassegna internazionale del cinema archeologico. *Anima Mundi* può considerarsi un viaggio artistico e spirituale alle radici del sacro: il lavoro infatti evidenzia una comune tensione dell'umanità (le fotografie sono state scattate in Europa, America, Asia e Africa) verso il divino. Allo stesso tempo la ricerca sviluppa, in modo suggestivo ed evocativo, temi quali il mistero, la bellezza e la memoria del sacro.
Dal 18 settembre al 12 dicembre 2004 *Anima Mundi*, in una nuova versione, è proposta al Museo Diocesano di Milano. La mostra, curata dal professore Paolo Biscottini, direttore del Museo Diocesano, è prorogata, per consenso di pubblico e critica, fino al 31 gennaio 2005.
Nel settembre 2004, l'editore milanese Charta pubblica, in versione bilingue, il libro fotografico *Anima Mundi*, con testi introduttivi di Paolo Biscottini, Roberto Mutti e dell'autore.
Nel maggio 2006, su iniziativa del Consiglio Regionale del Trentino-Alto Adige Südtirol, espone presso la Sala del Consiglio Regionale di Trento la mostra fotografica in bianco e nero *Tibet*. Frutto di un accurato lavoro di documentazione, il reportage racconta come il popolo tibetano, nonostante la persecuzione delle autorità cinesi, mantenga integra la propria fede buddista e lotti per conservare le proprie tradizioni culturali. In occasione della mostra, l'editore Charta pubblica, in versione bilingue, il libro fotografico *Tibet*, con testi introduttivi di Roberto Mutti e dell'autore.
Nel novembre 2006, la mostra fotografica *Memorie di pietra*, in occasione della pubblicazione dell'omonimo libro, viene riproposta presso lo spazio espositivo di Cargo a Milano.
Giuseppe Ripa vive e lavora a Milano.

Giuseppe Ripa was born in 1962 in Ragusa, Sicily.
He attended the Liceo Classico in Rovereto (Trento) and graduated in Economics at the Bocconi University in Milan.
He likes to define himself as a "traveler and photographer." He started taking photographs in the mid-eighties, devoting himself to travel reportage, in black and white and in color, concerning Europe, Africa (particularly the Sahara area), and Asia.
His work is characterized by an uncommon expressivness, formal rigor, a remarkable feeling for composition, and a profound ability to evoke themes such as memory, identity, and the destiny of mankind.
In November 1999, he presented *Yemen, viaggio nel tempo*, his first exhibition of black and white photography, at Images on the Road at Multistore Giovenzana Milan, curated by Lanfranco Colombo. This reportage chronicles a society in many ways embedded in medieval Islamic culture and inexorably destined to change and disappear.
In May and June of 2003, he exhibited *Il sorriso del Buddha* at the Agfa Gallery in Milan, a photo series on the former royal capitals of Laos, Luang Prabang, and Vientiane. The fascinating exoticism of the color pictures, naive and dreamy though never oleographic, is set against a rigorous, essential black and white in order to better capture the location's memory and sacredness.
In June 2003 at the Feltrinelli exposition space in Piazza Piemonte in Milan, he presented *Memorie di pietra*. A black-and-white photo investigation devoted to the ruins of Angkor, the work functions as a metaphor for mankind's interior collective memory. Photo critic Roberto Mutti reviewed the exhibition.
In October 2003, during the International Archeological Film Festival, Ripa exhibited two works, *Memorie di pietra* and *Anima Mundi*, in the Fausto Melotti Auditorium at MART (Museo d'Arte Moderna di Trento e Rovereto) in Rovereto. *Anima Mundi*—which included photographs taken in Europe, America, Asia, and Africa—is an artistic and spiritual journey to the roots of the sacred, revealing humanity's common struggle towards the divine. At the same time, the exploration suggestively and evocatively develops themes such as mystery, beauty, and the memory of the sacred.
From September 18 to December 14, 2004, *Anima Mundi* was presented in a new version at the Diocesan Museum of Milan. The exhibition, curated by Professor Paolo Biscottini, Director of the Diocesan Museum, was extended—at the request of the public and critics—until January 31, 2005.
In September 2004, the Milan-based publisher Charta released the monograph *Anima Mundi* in a bilingual version, with texts by Paolo Biscottini, Roberto Mutti, and the artist himself.
In May 2006, upon the initiative of the Regional Council of Trentino-Alto Adige SudTirol, the artist held the black-and-white photo exhibition *Tibet* at the Sala del Consiglio Regionale in Trento. The fruit of in-depth documentation, this reportage narrates how the Tibetan people, despite persecution on the part of Chinese

authorities, have maintained intact their Buddhist faith and continue to fight in order to keep their own cultural traditions. On the occasion of this exhibition, Charta published, in a bilingual edition, the photo album *Tibet*, with texts by Roberto Mutti and the artist himself.
In November 2006, the photo exhibition *Memorie di pietra* is proposed once again, on the occasion of a book published with the same title, to the public at the exposition space of Cargo in Milan.
Giuseppe Ripa lives and works in Milan.

Desidero ringraziare:

Laura, Massimo, Mauro Bacchini e Cristina Zara di Cargo&HighTech che, con sensibilità e competenza, hanno sponsorizzato la pubblicazione del libro e organizzato la mostra *Memorie di pietra* presso lo spazio espositivo Cargo di Milano.

Giuseppe Liverani, l'editore, Silvia Palombi, responsabile dell'Ufficio Stampa e Arte & Mostre e tutto lo staff di Charta per la preziosa collaborazione.

Roberto Mutti, critico, per sensibilità e capacità d'interpretazione.

Antonella Russo per la pregevole stampa manuale del bianco e nero.

Edvige Ripa per i suoi utili consigli.

Un ringraziamento speciale a Mutsumi Kono, preziosa compagna di viaggio.

I wish to thank:

Laura, Massimo, Mauro Bacchini, and Cristina Zara of Cargo&HighTech who, with sensibility and competence, have sponsored this book and organized the exhibition *Memorie di pietra* at Cargo in Milan.

Giuseppe Liverani, the publisher, Silvia Palombi, in charge of the Press Office and Art & Exhibitions, and the entire staff at Charta for their splendid collaboration.

Roberto Mutti, critic, for his sensitivity and interpretative ability.

Antonella Russo for the wonderful hand-printing in black and white.

Edvige Ripa for her valuable advice.

A special thank you to Mutsumi Kono, a dear travel companion.

Per saperne di più su Charta
ed essere sempre aggiornato sulle novità entra in

To find out more about Charta,
and to learn about our most recent publications, visit

www.chartaartbooks.it

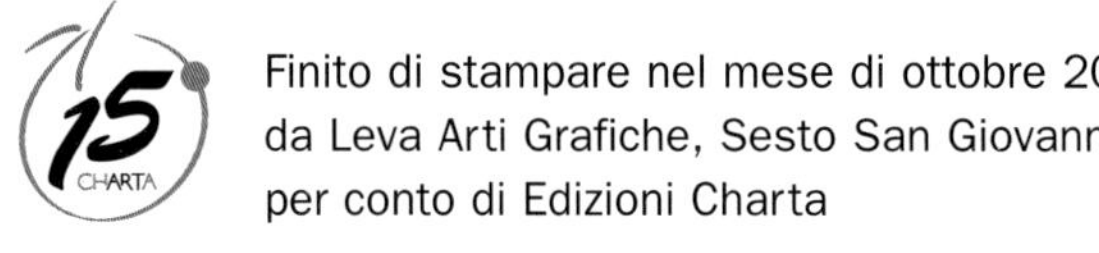

Finito di stampare nel mese di ottobre 2006
da Leva Arti Grafiche, Sesto San Giovanni
per conto di Edizioni Charta